Os nomes da história

FUNDAÇÃO EDITORA DA UNESP

Presidente do Conselho Curador
Mário Sérgio Vasconcelos

Diretor-Presidente
Jézio Hernani Bomfim Gutierre

Superintendente Administrativo e Financeiro
William de Souza Agostinho

Conselho Editorial Acadêmico
Danilo Rothberg
Luis Fernando Ayerbe
Marcelo Takeshi Yamashita
Maria Cristina Pereira Lima
Milton Terumitsu Sogabe
Newton La Scala Júnior
Pedro Angelo Pagni
Renata Junqueira de Souza
Sandra Aparecida Ferreira
Valéria dos Santos Guimarães

Editores-Adjuntos
Anderson Nobara
Leandro Rodrigues

Jacques Rancière

Os nomes da história
Ensaio de poética do saber

Tradução de
Mariana Echalar

© 1992 Editions du Seuil/ Gallimard
© 2014 Editora Unesp

Título original: *Les Noms de l'histoire: essai de poétique du savoir*

Fundação Editora da Unesp (FEU)
Praça da Sé, 108
01001-900 – São Paulo – SP
Tel.: (0xx11) 3242-7171
Fax: (0xx11) 3242-7172
www.editoraunesp.com.br
www.livrariaunesp.com.br
atendimento.editora@unesp.br

CIP – Brasil. Catalogação na publicação
Sindicato Nacional dos Editores de Livros, RJ

R151n

Rancière, Jacques, 1940-
 Os nomes da história: ensaio de poética do saber / Jacques Rancière; tradução Mariana Echalar. – 1. ed. – São Paulo: Editora Unesp, 2014.

 Tradução de: Les Noms de l'histoire
 ISBN 978-85-393-0578-0

 1. Filosofia – História. I. Título.

14-15944	CDD: 109
	CDU: 1(09)

Editora afiliada:

Sumário

Uma batalha secular 1

O rei morto 15

O excesso de palavras 37

A narrativa fundadora 65

O lugar da palavra 93

O espaço do livro 115

Uma história herética? 135

Referências bibliográficas 159

Este livro tem como origem um seminário realizado em 1987-1988 no Collège International de Philosophie. Uma primeira sistematização de seus resultados foi proposta em maio de 1989 nas Conférences du Perroquet. O convite do Western Societies Program e do Departamento de História da Cornell University me permitiu retomar o trabalho numa série de conferências sobre as políticas da escritura no outono de 1990. Agradeço aos amigos e amigas de Duke, Santa Cruz e Berkeley que acolheram e discutiram meu trabalho.

Uma batalha secular

"Há mais de um século, os que se interessam pela história, e são muitos, brigam com a palavra."

Assim fala um dos mestres da disciplina. E à primeira vista parece fácil compreender seu discurso. Os historiadores que quiseram romper com a velha crônica para dar, na medida do possível, à história o rigor de uma ciência tiveram de brigar com os pressupostos e os equívocos ligados ao próprio nome história. Uma história, em sentido comum, é uma série de acontecimentos que se passam com sujeitos geralmente designados por nomes próprios. Ora, a revolução da ciência histórica quis justamente revogar o primado dos acontecimentos e dos nomes próprios em benefício dos longos períodos e da vida dos anônimos. Foi assim que ela reivindicou ao mesmo tempo seu pertencimento à era da ciência e à era da democracia. Num segundo nível, uma história é também a narrativa dessas séries de acontecimentos atribuídas a nomes próprios. E a narrativa se caracteriza comumente por sua incerteza quanto à verdade dos acontecimentos relatados e à realidade dos sujeitos aos quais eles são atribuídos. As coisas seriam muito simples se pudéssemos dizer que toda história, como diz a expressão consagrada, é apenas uma história. É próprio de uma história sempre poder ou não poder ser uma história. As coisas também seriam muito simples se a certeza dos acontecimentos acompanhasse a dos sujeitos. Mas é sempre possível atribuir acontecimentos verídicos a sujeitos de ficção ou de substituição e acontecimentos incertos ou fictícios a sujeitos reais. A história divertida e o romance histórico vivem das voltas e reviravoltas permitidas por essa indeterminação.

Aparentemente, esses problemas não têm mais a ver conosco. A ciência histórica constituiu-se contra a história ficcional e o romance histórico. É por isso que os historiadores da velha escola pregavam a verificação rigorosa das fontes e a crítica dos documentos. É por isso que os historiadores da nova história aprenderam as lições da geografia, da estatística e da demografia. Assim, o material da construção historiadora (*historieene*) deveria estar resguardado das fábulas de opinião e dos artifícios dos literatos. No entanto, o material não é nada sem a arquitetura. Nós sabemos, no sentido usual da expressão: saber algo não significa ter de pensar a respeito. O que deixamos de considerar é simplesmente o seguinte: a história, em última instância, é suscetível apenas a uma única arquitetura, e sempre a mesma: uma série de acontecimentos ocorreu a tal ou tal sujeito. Podemos escolher outros sujeitos: a realeza, em vez dos reis, as classes sociais, o Mediterrâneo ou o Atlântico, em vez dos generais e dos capitães. Nem por isso deixaremos de enfrentar o salto no vazio contra o qual os rigores de qualquer disciplina auxiliar não nos dão garantia: é preciso nomear sujeitos, é preciso atribuir-lhes estados, afeições, acontecimentos. E é aí que os defensores da velha crônica já esperavam, havia um século, os partidários de uma revolução da história para preveni-los do seguinte: os objetos e os métodos que eles preconizavam para ajustar a história por meio da ciência e das massas apenas tornavam mais indetermináveis as regras da referência e mais inverificáveis as da inferência. Com os bons e velhos métodos devidamente rejuvenecidos, era possível chegar a um grau suficiente de certeza sobre os atos dos príncipes, de seus generais e embaixadores, sobre o pensamento que os animara, sobre as consequências de sua política, as razões de seu sucesso ou de seu fracasso. Com os documentos e sua crítica, podemos separar as séries de acontecimentos seriamente atribuíveis a Luís XIV ou a Napoleão das provocações que negam a existência de um ou das fabulações a respeito do irmão gêmeo do outro. Mas como o rigor das séries estatísticas dará condições ao historiador de sustentar sem risco o enunciado de que a burguesia experimentou tal estado, o proletariado passou por tal evolução ou o Mediterrâneo viveu tal acontecimento? Afastar-se dos sujeitos tradicionais da história e dos meios de verificação ligados à sua visibilidade é penetrar num terreno em que se turva o próprio sentido do que é um sujeito ou um acontecimento, assim como a maneira pela qual se pode fazer referência ao primeiro ou inferência do segundo. Como entender, por exemplo, essa frase típica da nova história: "O deserto conquistador entrou mais de uma vez no Mediterrâneo"?[1] Seguramente, o historiador da era científica quer se afastar da visibilidade cômoda e superficial dos grandes acontecimentos e das grandes personagens. Mas a ciência mais segura que ele reivindica é também uma história mais improvável, uma história que leva ao limite a indeterminação do referente e da inferência próprios a toda história.

Questão de palavras, dirão. É uma infeliz homonímia própria da nossa língua que designa com um mesmo nome a experiência vivida, sua narrativa fiel, sua ficção mentirosa e sua explicação erudita. Rigorosos na caça às armadilhas da homonímia, os ingleses distinguem *story* e *history*.* Interessados em explorar em sua especificidade a densidade da experiência vivida e as condições de construção do discurso, os alemães separam *Historie* e *Geschichte*. Essas referências convencionais podem tapar alguns buracos nas apresentações metodológicas, mas sua virtude acaba aí. Os caçadores de homônimos fazem o mesmo que os outros: atribuem séries de acontecimentos a sujeitos. É que não há mais nada a fazer, a não ser justamente não fazer mais história. E os caçadores de homônimos aderiram em geral à escola das vítimas da homonímia, reconhe-

---

1 Braudel, *La Méditerranée et le monde méditerranéen à l'époque de Philippe II*, p.184. Salvo indicação contrária, por conta de modificações do texto, as referências remetem à primeira edição.

* Em francês, existe apenas a palavra *histoire*. Em português, apesar do brasileirismo *estória*, os principais dicionários não estabelecem distinção de significados em relação ao vocábulo *história*, preferível esta última grafia. (N. E.)

Os nomes da história

cendo nos *Annales* a paternidade da revolução científica do discurso histórico. A razão para isso é tão simples em seu fundo que chega a ser paradoxal em sua aparência. Era necessária precisamente a confusão da língua para avaliar o dilema em seu rigor: a ciência histórica nova não deveria mais ser uma história e ainda assim ser uma. A diferença da história-ciência para a história-narrativa deveria ser produzida no interior da narrativa, com suas palavras e com seu uso das palavras.

Porque a batalha da nova história tem logo de saída dois *fronts*. Diante da velha escola que se gabava de dar à história toda a certeza da qual ela era suscetível, encontravam-se, debruçados sobre o berço da história nova, os bons e os maus apóstolos da ciência. E estes, é claro, a encorajavam a dar o passo decisivo que a colocaria no terreno da certeza científica: deixar de lado os acontecimentos, suas sucessões insignificantes ou suas causalidades arriscadas; substituí-los pelos fatos: os que não se atribuem mais a um sujeito particular, mas que se observam em sua repetição, se deixam classificar de acordo com suas propriedades e se correlacionam com outros fatos do mesmo tipo ou com outros tipos de fatos. E indicavam-lhe todos os meios para encontrar as fontes e utilizar os métodos apropriados aos seus novos objetos. A nova história ficará honrada de ter seguido a lição dos estatísticos por intermédio dos sociólogos e dos economistas. Reconhecerá sua dívida com a provocação de um Simiand, que derrubou os três ídolos da velha história: os ídolos político, cronológico e individual. Contudo, muito antes de Simiand, um filósofo obscuro chamado Louis Bourdeau havia esboçado polemicamente, num calhamaço publicado em 1888, o cenário emblemático da nova história: o grande mar, que o vento mal consegue encrespar, opondo a calma de suas profundezas às marolinhas dos indivíduos e dos acontecimentos. Qual era, perguntava ele, a amplitude real dos acontecimentos mais estrondosos? A Revolução Francesa não existiu para 400 milhões de chineses e, mesmo na França, "a voz dos mais impetuosos tribunos e o canhão das mais retumbantes vitórias" não chegaram até as camadas mais profundas da população. "Em tal vale distante, em muitas aldeias tranquilas, nem se ouviu falar desses acontecimentos cujo barulho parecia tomar o mundo." Mas não é necessário falar dos vales distantes. No suposto centro do abalo sísmico, o acontecimento mal roçou a superfície das coisas:

> Sejam quais forem os acontecimentos, cada um continua a praticar seu ofício habitual. Semeiam, colhem, fabricam, vendem, compram, consomem conforme a necessidade e o uso [...]. Nos dias mais sombrios do Terror, 23 teatros prosperavam em Paris. Representavam a ópera *Corisandre* "com seus divertimentos", peças bufas ou sentimentais; os cafés ficavam cheios de gente, os passeios eram muito frequentados.[2]

A conclusão se impunha por si mesma:

> Para quem contempla a ordem geral e toda a sequência dos fatos, nenhum acidente particular parece digno de estudo. É no oceano das coisas humanas

2 Bourdeau, *L'Histoire et les historiens*, p.120-2.

que as flutuações das ondas se misturam umas às outras. O pescador cujo barco se movimenta acredita ver em torno dele montanhas e abismos; mas o observador ao longe da costa percebe apenas uma superfície lisa, que mal se encrespa com a flutuação e termina no horizonte numa linha de nível imutável.[3]

Levar em consideração essa linha imóvel da história que, no entanto, se move era estudar esses "fenômenos de função" – diríamos mais tarde esses fatos de "civilização material" e esses fenômenos de "mentalidades" – ligados às grandes constantes da atividade humana: as que dizem respeito à necessidade de alimentar-se, produzir, trocar ou transmitir, mas também de rir e amar, conhecer e criar. A tarefa da história era acompanhar o movimento quase imperceptível que arrancava essas atividades da ordem da rotina e as lançava no universo da invenção. Para isso, a história, como toda ciência, devia realizar sua revolução copernicana. Devia voltar-se para "a personagem mais importante da história, o herói que se deve celebrar, antes de qualquer outro [...], a multidão dos desconhecidos".[4] Esse trabalho despercebido dos verdadeiros heróis e dos inventores desconhecidos devia ser reconhecido onde ele falava sua própria língua, a que convém à atividade das multidões anônimas, a língua dos números e das funções.

A ciência dos fatos humanos, tanto tempo descritiva e literária, está destinada a tornar-se quase

---

3 Ibid., p.122.
4 Ibid., p.29.

inteiramente quantitativa. Os fenômenos de função, objeto essencial de seu estudo, são mensuráveis pelos dois modos de determinação das grandezas, aritmético e geométrico. Pode-se, por um lado, traduzi-los em números e, por outro, figurá-los por representações gráficas (diagramas e cartogramas) que se resumem em imagens impressionantes fazendo as vezes de uma língua universal de longas séries de fatos cujas variações, relações e leis aparecem em plena luz. O ideal da história elevada ao *status* de ciência seria exprimir desse modo todas as suas noções e empregar as palavras apenas para explicar ou comentar essas fórmulas.[5]

Ideal de uma ciência histórica livre da indeterminação das palavras e das frases das histórias, capaz de transformar em conhecimentos reais o que era ainda apenas o "romance da vida humana". Essa ciência não se restringia de modo algum aos dados da população, da produção e do comércio. Ao contrário, ela via surgir uma história intelectual estabelecida sobre uma base mais significativa, a estatística dos diplomas, da livraria ou das bibliotecas, ou uma história dos sentimentos e dos costumes estudada onde eles falavam sem disfarces: na estatística dos casamentos ou na análise dos testamentos.

Essa não era a mesma revolução que Lucien Febvre viria a proclamar vinculando o primado científico da demografia à nova realeza política do *démos*? Não era o mesmo discurso que Fernand Braudel faria mais tarde sobre as ondas ou as centelhas enga-

---

5 Ibid., p.291-2.

nadoras do acontecimento, ou Pierre Chaunu sobre a capacidade da história serial de integrar tudo da realidade humana na rede de suas correlações? O obscuro Bourdeau teria sido um precursor menosprezado com o qual a história triunfante dos *Annales* teria sido ingrata? A resposta é negativa. Os historiadores dos *Annales* não foram ingratos, mas lúcidos. Compreenderam o que lhes propunham, sob a aparência de elixir da juventude, os médicos da era cientificista: os meios de uma eutanásia. Convidar a ciência histórica a substituir a linguagem enganadora das histórias pela língua universal da matemática era convidá-la a morrer sem dor, sem se dar conta. O que as estatísticas dos longos períodos forneceriam ao futuro seriam os elementos de uma sociologia comparativa. A história não seria mais do que a dimensão diacrônica útil em certos casos para a explicação de fenômenos sociais residuais. A história promovida ao *status* científico era, na verdade, uma história dissipada na grande ciência do social, que determinava seu objeto e prescrevia os meios de seu conhecimento. Assim pensavam, no fundo, não só seus sarcásticos inimigos, mas também seus bondosos conselheiros, os economistas e os sociólogos da escola durkheimiana.

Assim, a peculiaridade da revolução historiadora não foi simplesmente ter sabido definir os objetos novos do longo período, da civilização material e da vida das massas e adaptar-lhes os instrumentos novos da língua dos números. Foi ter sabido reconhecer, no canto da sereia da era cientificista, a ameaça de sua perdição, o dilema escondido nas proposições de sua cientificação: *ou* a história, *ou* a ciência. Foi ter sabido manter, para responder a esse canto, o jogo da homonímia, porque ele era o único capaz de transformar a disjunção em conjunção: a ciência *e* a história. Isso significa: a não história e a história, o poder de articulação dos nomes e dos acontecimentos que está ligado à indeterminação ontológica da narrativa e que, no entanto, é o único adequado para preservar a especificidade de uma ciência *histórica* em geral. A revolução historiadora é a ordenação de um espaço de conjunção dos contraditórios. Prestamos imperfeitamente uma homenagem a essa invenção admirando os títulos diplomáticos das teses de Lucien Febvre e Fernand Braudel: *Filipe II e o Franco-Condado, O Mediterrâneo e o mundo mediterrânico na época de Filipe II*. Assim, eles pensaram e deixaram pensar que conciliavam seu interesse científico novo – a história dos grandes espaços de vida criados pelo longo período – com a reverência devida aos velhos mestres, apegados aos grandes nomes e à história diplomática. Mas essa arte da conjunção não era resultado de simples regras de prudência ou reverência acadêmica. O *e* que liga os interesses e as investigações da nova história aos nomes próprios dos reis não é uma questão de retórica. É a resposta específica a um *ou... ou...* Não é uma simples questão de palavras. Diz respeito a uma elaboração poética do objeto e da língua do saber. A genialidade particular de Lucien Febvre foi ter compreendido intuitivamente o seguinte: a história somente poderia fazer uma revolução que fosse sua jogando com a ambivalência de seu nome, recusando na prática da língua a oposição entre ciência e literatura. Não era simplesmente o fato de poder conciliar os rigores de uma com os encantos da outra. Era, bem mais profundamente, o fato de que apenas a língua das histórias era capaz de marcar a cientificidade própria da ciência histórica: uma questão não de retórica, conciliando a jovem ciência com os preconceitos dos velhos mestres e as regras da instituição, mas de poética, constituindo em língua de verdade a língua tão verdadeira quanto falsa das histórias. A batalha secular dos historiadores com a velha palavra história não determina as contas que toda jovem ciência deve acertar, cedo ou tarde, com sua pré-história ideológica. É o princípio mesmo de sua dinâmica própria: a ordenação interminável e interminavelmente polêmica do vocabulário das nominações, da gramática das atribuições e da sintaxe das conjunções e das subordinações que permitem à língua das histórias fazer uso de sua indeterminação para operar sua supressão, negar a si mesma para promover a impossível adequação entre ciência e narrativa, a equivalência do tempo do acontecimento e do tempo de sua supressão.

As páginas seguintes propõem-se estudar alguns nós singulares dessa constituição. Por que ela constituiu insistentemente em torno de alguns objetos e figuras exemplares? Como eles foram parar na narrativa? Que relação existe entre a lógica dessas tramas e a de certo número de usos sintáticos: maneiras de dispor sujeitos, complementos e atributos, de jogar com a conjunção e a subordinação, o presente e o passado dos verbos, sua presença e sua ausência? A questão em jogo não é a do estilo dos historiadores, mas da assinatura da ciência. A assinatura não é o apêndice personalizado de um discurso, mas a marca de sua identidade, o nome próprio que põe juntos os nomes próprios e os nomes comuns, as palavras e as coisas, a ordem dos seres falantes e a dos objetos de conhecimento. Tal estudo recupera o que escolhi denominar *uma poética do saber*: estudo do conjunto dos procedimentos literários pelos quais um discurso se subtrai da literatura, dá a si mesmo um *status* de ciência e significa-o. A poética do saber se interessa pelas regras, segundo as quais um saber se escreve e se lê, constitui-se como um gênero de discurso específico. Ela procura definir o modo de verdade a que ele se destina, sem lhe estabelecer normas, validar ou invalidar sua pretensão científica. Sem dúvida, refere-se muito em particular às chamadas ciências humanas ou sociais que, há dois séculos, tentam com sorte diversa conquistar seu espaço no concerto das verdadeiras ciências, afastar a suspeita interminável de ainda pertencer às obras da literatura ou da política, ou mesmo de ambas ao mesmo tempo. Mas ela não se propõe a confirmar essa suspeita, lembrar a história ou a sociologia de suas ambições científicas em relação a procedimentos literários e pressupostos políticos. Ela leva em consideração o caráter constitutivo dessa tripla articulação. As ciências humanas e sociais são filhas da era da ciência: a era de um certo número de revoluções decisivas nas ciências fundamentais, mas também a era da crença científica, a era que concebe a racionalidade de qualquer atividade de acordo com uma certa ideia de racionalidade científica que não necessariamente tem ligação com as revoluções em questão. Mas muito facilmente nos esquecemos de que a era da ciência é também a da literatura, tempo em que ela se nomeia como tal e separa o rigor de seu ato próprio tanto dos simples encantos da ficção, quanto das regras da divisão dos gêneros poéticos e dos procedimentos convencionais das belas-letras. Essa era é, enfim, como bem "sabemos", a da democracia, a era em que esta, mesmo aos olhos daqueles que a combatem ou temem, aparece como o destino social da política moderna, a era das amplas massas e das grandes regularidades que servem aos cálculos da ciência, mas também a uma desordem e a uma arbitrariedade novas, que perturbam seus rigores objetivos.

A história nova pertence a essa era e a essa configuração. E tem nelas um lugar muito singular. No concerto dos parentes pobres da ciência, parece representar o papel da mais pobre das primas, destinada, apesar de seu aparato estatístico, a todas as aproximações da língua natural, às confusões de opinião e às seduções da literatura. Se, no entanto, ela representa frequentemente o papel de guia, não é em virtude apenas do peso social que lhe atribui a antiguidade de sua instituição. É porque a radicalidade de seu desnudamento a leva a explorar mais radicalmente os poderes de que dispõe a língua para fazer ver a ciência e a literatura a fim de operar sua própria supressão. Porque se manteve estritamente no espaço da homonímia da ciência e da não ciência, porque conservou o nome dos contos que se contam às crianças e da lenda comunitária que se ensina aos estudantes, é que a história pôde cumprir com sucesso a tarefa impossível de articular em um único discurso um triplo contrato: um contrato científico que obriga a descobrir a ordem oculta sob a ordem aparente, substituindo a escala dos pesos e das grandezas visíveis da política pelas correlações e pelas contas exatas de um processo complexo; um contrato narrativo que manda inscrever as estruturas desse espaço oculto ou as leis desse processo complexo nas formas legíveis de uma história que comporta início e fim, personagens e acontecimentos; um contrato político que une o invisível da ciência e o legível da narração às imposições contraditórias da era das massas – as grandes regularidades da lei comum e os grandes tumultos da democracia, as revoluções e as contrarrevoluções; o segredo escondido das multidões e a narração legível para todos e ensinável a todos de uma história comum.

Como manter juntas essas três exigências, das quais as duas primeiras parecem contradizer-se estritamente e a terceira resume e faz ressurgir a contradição? Para compreender essa articulação que está no centro da revolução historiadora, é necessário entrar na oficina do historiador.

O rei morto

Consideremos então uma narrativa singular, tomada do livro exemplar da nova história, *O Mediterrâneo e o mundo mediterrânico na época de Filipe II*. No último capítulo, pouco antes da conclusão, Braudel relata um acontecimento, a morte de Filipe II.

Ele nos conta, ou melhor, nos explica por que não o contou na ordem normal da narrativa: "Não citamos em seu devido lugar um acontecimento que, no entanto, é sensacional e correu o mar e o mundo: a morte do rei Filipe II, em 13 de setembro de 1598".[1]

Braudel, portanto, relata uma coisa que não foi relatada em seu devido lugar, segundo a ordem do acontecimento e da narração: uma cena que deveria ter interrompido a narrativa, e não o fez. E não é difícil compreender por quê. As mil e poucas pá-

---

1 Braudel, *La Méditerranée et le monde méditerranéen à l'époque de Philippe II*, p.1085.

ginas precedentes são suficientemente claras: não houve interrupção. Esse rumor que correu o mar e o mundo não remete a um acontecimento da história deles: a história do movimento de báscula que desloca o centro do mundo do Mediterrâneo para o Atlântico.

Se a morte do rei de Espanha e Portugal não é um acontecimento na história da qual trata o historiador, duas soluções parecem se oferecer a ele. A primeira seria não falar dela; a segunda, falar para explicar que não cabe contar o que, no novo terreno da história, não tem mais valor de acontecimento significativo.

Ora, Braudel escolhe uma terceira solução, a menos lógica, aparentemente, tanto do ponto de vista da ciência quanto do da narração: ele vai contar esse acontecimento, que é um não acontecimento, fora do lugar a que deveria pertencer. Sem dúvida, a lógica desse ilogismo é clara: deslocar o acontecimento, colocá-lo no fim, à beira do espaço em branco que separa o livro de sua conclusão, é transformá-lo em sua própria metáfora. Entendemos que a morte deslocada de Filipe II é a metáfora da morte de certa história, a dos acontecimentos e dos reis. O acontecimento teórico com que o livro termina é o seguinte: a morte do rei não é mais acontecimento. A morte do rei significa que os reis estão mortos como centros e forças de história.

Esse acontecimento poderia explicar-se. O historiador escolhe contá-lo: contar a morte de um rei como morte da figura real da história. O princípio da narrativa será, portanto, substituir uma narrativa por outra, atribuir ao sujeito Filipe II outra série de acontecimentos que não é a dele. Contada pelo novo historiador, a morte do rei Filipe II não será seu devir-cadáver, mas seu devir-mudo.

De fato, de um parágrafo a outro, o deslocamento da narrativa nos leva do cerimonial dos últimos dias reais ao retrato do rei em sua majestade. O rei morto com o qual a narrativa vai terminar não é um rei em seu leito de morte. É um rei instalado em seu trono ou sentado diante de sua escrivaninha. É aqui que ele é metaforicamente morto, convencido a não falar, a não ter nada a dizer. Morto, portanto, como a letra, mudo como o quadro no qual o *Fedro* de Platão opôs, por um tempo que ainda perdura, a tola solenidade à virtude do discurso vivo.

Eis, então, o retrato do rei em representação: "Historiadores, nós o abordamos mal: como aos embaixadores, ele nos recebe com a mais fina delicadeza, nos ouve, mas responde em voz baixa, frequentemente ininteligível, e jamais fala de si mesmo".[2]

Um rei mudo, portanto, ou um rei de papel. O historiador mostra-o diante de sua mesa de trabalho, fazendo anotações nos relatórios com sua escrita rápida, ou poderíamos dizer, como bons platônicos, com sua escrita muda. O que ele anota é, sem dúvida, o material da velha história, despachos diplomáticos sobre os acontecimentos das cortes e os humores dos reis. Assim pintado o retrato do rei, como não reconhecer nele, alterando o ângulo de visão, aqueles retratos feitos em camadas que mudam conforme a posição do observador, o retrato do velho universitário, o ilustre Seignobos, ou outro bode expiatório qualquer da nova história?

---

2 Ibid., p.1086.

Não é um homem de grandes ideias [...]. Ele vê sua tarefa como uma interminável sucessão de detalhes. Não há uma única nota sua que não seja um pequeno fato preciso, uma ordem, uma observação, ou mesmo a correção de um erro de ortografia ou geografia. Nunca há, sob sua pluma, ideias gerais ou grandes planos. Não creio que a palavra Mediterrâneo tenha flutuado alguma vez em seu espírito com o conteúdo que lhe damos ou tenha feito surgir as nossas frequentes imagens de luz e água azul.[3]

A morte do rei é, portanto, a dispensa de uma personagem na qual reconheceremos, a nosso bel-prazer, o rei ou seu historiógrafo: um homem de letras ou de papel, um mudo cuja mudez se manifesta em particular no fato de que ele não sabe o que significa o mar.

Poderíamos ler nessa cena a metáfora simples de uma revolução copernicana da história: o deslocamento da história dos reis para a do mar, compreendendo nisso a história dos espaços de civilização, dos longos períodos de vida das massas e das dinâmicas do desenvolvimento econômico. Mas, antes de saber o que uma metáfora significa, é preciso primeiro determinar em que ela consiste, o que nela é próprio e o que é figurado. É aqui que a dificuldade começa e a singularidade do texto nos retém: o que é real nessa narrativa e o que é simbólico? Que acontecimentos acontecem e com quem? Compreendemos que a característica particular do rei de falar em voz baixa pode simbolizar o fato de que o discurso dos reis não tem grande coisa a nos

---

3 Ibid., p.1087.

ensinar sobre a história do mundo. Mas o rei Filipe II falava em voz baixa? Esse é um traço que conhecemos pelo testemunho dos cronistas e dos embaixadores? Ou pelos lábios fechados do retrato de Ticiano? Ou mesmo pela voz grave que Verdi deu a ele, retomando de Schiller o retrato de um rei associado ao sepulcro, emparedado vivo em seu Escorial? O texto do historiador não nos permitirá saber. Assim como não dirá como se reconhece a qualidade de rapidez própria da escrita do soberano. E menos ainda as razões que o fazem supor que o Mediterrâneo não evocava ao rei nem o sol nem a água azul. Cada um dos traços individuais carregados aqui de valor simbólico pode ser também o traço de uma alegoria deliberadamente composta pelo novo historiador para dizer adeus à antiga história. O texto é indeciso quanto a isso. O historiador não nos dá meios de definir o *status* de suas asserções. Marcando a distância que toda citação de fontes introduz entre o historiador e sua personagem, ele anularia o efeito do texto que depende inteiramente da supressão dessa distância. De fato, a voz do erudito que faz o balanço de um reino e da história dos reis é ao mesmo tempo a de um interlocutor do soberano, atraído para sua intimidade por uma anfibologia vertiginosa: "Historiadores, nós o *abordamos* mal: como aos embaixadores, ele nos recebe [...]". Compreendemos, é claro, que o historiador joga com os sentidos próprio e figurado de *abordar*. Nenhum leitor se enganará, pensando que a recepção seja real e Fernand Braudel tenha efetivamente se encontrado com Filipe II. Em compensação, ele vai se perguntar o que significa essa presença do historiador no quadro, no mesmo plano dos embaixadores, provedores dos documentos da velha história. O que significa então sua insistência em se representar na cena, interrogando o rei, rodeando-lhe a escrivaninha, inclinando-se sobre aquele que escreve e até, em outras passagens, sentando-se sem nenhuma cerimônia na poltrona diante da papelada do soberano?

Diríamos que se trata de uma figura de estilo? Ou então de um atavismo de historiador que incita os mais iconoclastas a compor retratos, cenas e moralidades à maneira de um Saint-Simon, assim que um rei passa pela pluma deles? Mas a questão é saber o que significa *estilo* aqui. E a referência ao memorialista marca precisamente a diferença. A crônica do confidente dos reis se escrevia no passado. Já a presença surpreendente do historiador no gabinete do rei pontua a soberania do presente na narrativa da nova história.

A revolução erudita da história manifesta-se, na verdade, por uma revolução no sistema dos tempos da narrativa. A coisa, no fim das contas, foi pouco comentada. Paul Ricœur se empenhou em mostrar como *O Mediterrâneo* pertencia ainda a uma trama narrativa. No entanto, ele parece dissociar essa demonstração da questão do uso gramatical dos tempos.[4] Mas como não se impressionar com a singularidade desse uso diante da análise de Benveniste dos tempos do discurso e dos tempos da narrativa? Sabemos que Benveniste, num texto que se tornou clássico, opôs o sistema do discurso ao

---

4 Ricœur, *Temps et récit*. É evidente que essa dissociação não é negligência, mas depende da perspectiva fenomenológica do autor.

da narrativa, segundo dois critérios fundamentais: o uso dos tempos e o das pessoas. Marcado pelo comprometimento pessoal de um locutor interessado em convencer aquele a quem ele fala, o discurso emprega livremente todas as formas pessoais do verbo, em oposição à narrativa, cuja pessoa predileta, a terceira, funciona, na verdade, como uma ausência de pessoa. Ele emprega do mesmo modo, com exceção do aoristo, todos os tempos do verbo, mas essencialmente o presente, o pretérito perfeito e o futuro, que se referem ao momento do discurso. A enunciação histórica, ao contrário, ordena-se em torno do aoristo, do pretérito imperfeito e do pretérito mais-que-perfeito, excluindo o presente, o pretérito perfeito e o futuro. A distância temporal e a neutralização da pessoa dão à narrativa a sua objetividade não assumida, à qual se opõe a presença afirmativa do discurso, sua força de autoatestação.[5] A história erudita, segundo essa oposição, pode definir-se como uma combinação em que a narração é enquadrada pelo discurso que a comenta e explica.

No entanto, todo o trabalho da nova história é subverter o jogo dessa oposição, construir uma narrativa no sistema do discurso. Mesmo na parte "acontecimental" [*événementielle*] de *O Mediterrâneo*, os tempos do discurso (o presente e o futuro) competem amplamente com os da narrativa. Fora dela, eles impõem sua dominação, dando à "objetividade" da narrativa a força de certeza que lhe faltava para ser "mais do que uma história". O acontecimento repentino, como característica dos longos períodos, é dito no presente, a relação de uma ação

---

5 Benveniste, *Problèmes de linguistique générale*, p.231-50.

anterior com uma ação posterior se expressa pelo futuro da segunda.

Essa reorganização da narrativa não pode se reduzir ao "artifício estilístico" que é, para Benveniste, o "presente histórico" das gramáticas. Não se trata de *tournure* retórica, mas de poética do saber: da invenção de um novo regime de verdade para a frase historiadora, produzido pela combinação da objetividade da narrativa e da certeza do discurso. Não se trata mais de inserir acontecimentos contados na trama de uma explicação discursiva. A construção da narrativa no presente torna seus poderes de asserção análogos aos do discurso. O acontecimento e sua explicação, a lei e sua ilustração se dão no mesmo sistema do presente, como mostra exemplarmente esta passagem de *Civilização material e capitalismo*, ao ilustrar com um exemplo pontual o avanço regular das epidemias num longo período:

> Outra regra sem exceção: as epidemias *saltam* sem hesitar de uma massa de homens para outra. Alonso Montecucchi, que o grão-duque da Toscana *envia* à Inglaterra, *passará* por Bolonha [...] não por Calais, onde a peste inglesa *acaba* de se infiltrar.[6]

O tempo da regra é idêntico ao tempo do acontecimento. E essa identidade está relacionada à outra, a do próprio e a do figurado: o embaixador que passa e a epidemia que salta têm a mesma modalidade de existência. A história nova quer assegurar a primazia das coisas sobre as palavras e circuns-

---

6 Braudel, *Civilisation matérielle et capitalisme*, t.1, p.60.

crever as possibilidades de cada tempo. Mas esse discernimento do peso das coisas e da especificidade dos tempos somente pode funcionar sobre a base de um princípio poético de indiscernibilidade. O discurso verdadeiro a respeito do avanço das epidemias e a narrativa fictícia do encontro do rei e do historiador pertencem à mesma sintaxe e à mesma ontologia. O próprio e o figurado são igualmente indiscerníveis e o presente em que o rei recebe o historiador corresponde ao futuro pretérito da viagem do embaixador.

As singularidades da narrativa da morte do rei parecem poder explicar-se então nos termos dessa reorganização linguística. A morte do rei representa uma operação de duplo sentido. Ela marca a absorção do sistema da narrativa, característico da velha história, no sistema do discurso, pelo qual esta pode se tornar uma ciência; mas também, inversamente, a construção na forma de narrativa das categorias do discurso, sem a qual a ciência nova não seria mais uma história. A narrativa-alegoria, a narrativa do indiscernível, opera essa troca das categorias do discurso e das categorias da narrativa que permite que a história nova se escreva sobre a morte da crônica real. E o singular face a face ao historiador presente e ao rei morto poderia muito bem representar a revolução do sistema dos pronomes que corresponde à revolução do sistema dos tempos. Trocam suas propriedades um *nós* que a coletividade erudita dos historiadores empresta da majestade real, o *ele* distanciado da narrativa e o *eu* presente que sustenta o discurso.

Mas o rei, é claro, é mais do que uma função pronominal, mais do que a terceira pessoa que se harmoniza com os tempos passados da narrativa. O rei é também, por excelência, aquele que tem boas razões para falar na primeira pessoa, aquele que, no plural de majestade, identifica a singularidade de sua fala com uma instância de legitimidade que o excede. Ele é, por excelência, um nome próprio e uma assinatura que ordenam uma junção de seres falantes, de regras de legitimidade para a fala e para o uso das nominações. A representação do rei, de sua fala e de sua escritura é o ponto em que a poética da narrativa-saber vem se conjuntar a uma política, em que a legitimação da ciência encontra as figuras da legitimidade política.

Aparentemente, a conjunção não apresenta problema: a falsa narrativa da morte de Filipe II significa conjuntamente a destituição dos príncipes como objetos de história e a de seus embaixadores como fontes de saber histórico. No lugar deles, são entronizados o que está ausente no espírito do rei e o que o embaixador do duque evita: o mar azul que faz a história dos homens e os homens que, em troca, fazem a história; as massas sobre as quais a epidemia salta sem hesitar e as grandes regularidades dos fenômenos coletivos. A história elabora o conhecimento desses novos objetos de história no cruzamento dos dados fornecidos pelas ciências do espaço, da circulação, da população e dos fatos coletivos, na junção da geografia, da economia, da demografia e da estatística. Esse deslocamento científico corresponde ao deslocamento de uma política que não regula mais seus ponteiros pelo dos reis, mas pelo das massas.

Alguma coisa nesse quadro, no entanto, resiste a essa simples consequência de deslegitimação dos reis para a nova legitimidade da história erudita, alguma coisa como uma dissimetria secreta na relação entre o antigo e o novo, no quadrilátero do rei, dos embaixadores, do historiador e das massas: um *status* singular do objeto "certo", o mar azul ensolarado, atribuído pela sua ausência no pensamento do rei; as massas que verificam em seu próprio detrimento a lei científica que o embaixador evita; a persistência do embaixador, recebido com o historiador e cujos despachos indicam ainda o que os torna insignificantes; a complacência singular do historiador de se representar no quadro, de se demorar na escrivaninha do rei e de passear os olhos pela papelada como um detetive de Edgar Poe, como se algum segredo estivesse ao mesmo tempo exposto e escondido nos papéis que o rei anota. Supomos que essas cartas eram despachos de embaixadores sobre o espetáculo e o segredo das cortes. Mas no Prefácio do livro, em que não se trata de narrativa alegórica, mas de apresentação metodológica, o autor golpeia de maneira incisiva a denúncia das armadilhas da história acontecimental [*événementielle*] e faz leituras singulares sobre o rei:

> Desconfiemos dessa história ainda quente, tal como os contemporâneos a sentiram, descreveram e viveram no ritmo de sua vida, breve como a nossa. Ela tem a dimensão de seus ódios, de seus sonhos e de suas ilusões. No século XVI, depois da verdadeira Renascença, virá a Renascença dos pobres, dos humildes, que teimam em escrever, contar a si mesmos e falar dos outros. Toda essa preciosa papelada é bastante deformadora, ela invade abusivamente esse tempo perdido, toma um lugar fora da verdade. É para

um mundo bizarro, ao qual faltaria uma dimensão, que é transportado o historiador leitor dos papéis de Filipe II, como se estivesse sentado no próprio lugar dele; um mundo de vivas paixões, seguramente; um mundo cego como todo mundo vivo, como o nosso, indiferente às histórias profundas, a essas águas vivas sobre as quais nosso barco navega como o mais ébrio dos barcos.[7]

A partir do discurso de método sobre a história acontecimental [*événementielle*], bem como da narrativa do fim do rei, um mesmo deslocamento faz coincidir dois presentes e conduz o historiador ao "lugar" do rei, num espaço que é sua própria metáfora e onde quatro personagens se encontram de novo: o rei, o historiador, os pobres, que tomam o lugar dos embaixadores, e o mar, alçado inteiramente à categoria de metáfora. Nesse discurso-narrativa do método que faz par com a narrativa-discurso do acontecimento, o jogo do próprio e do figurado ordena-se em torno de outra anfibologia mestra, menos incongruente, porém mais enigmática: a "Renascença dos pobres", ou seja, em sentido figurado, a falsa Renascença ou a Renascença caricatural que se opõe à verdadeira Renascença, tomada em sua essência; mas também, em sentido próprio, a Renascença tal como foi vivida pelos "humildes", tal como estes a apreenderam, exprimiram e menosprezaram a partir de sua posição inferior e atrasada. Mas quem são ao certo esses humildes que são bruscamente introduzidos por um futuro e

---

7 Id., *La Méditerranée et le monde méditerranéen à l'époque de Philippe II*, p.xiii-xiv.

logo desaparecem de cena? Eles eram tantos assim no século XVI a escrever seus ódios e paixões? Era tão usual que seus escritos chegassem ao conhecimento dos príncipes e se acumulassem em suas escrivaninhas? A ponto de essa papelada ser suficientemente invasora para constituir por excelência o corpo de interpretação do qual o historiador tivesse prioritariamente de limpar o arquivo real e a escrita da história? Dessa incômoda papelada não sabemos nada além de seu não lugar. O que o historiador parece propor aqui, fora de qualquer referência determinada, é uma fábula que une o próprio e o figurado da anfibologia: algo como um *muthos* platônico em que os pobres não representam nenhuma categoria social definida, mas antes uma relação essencial com a não verdade. Os pobres são os que falam cegamente, ao rés do acontecimento, porque o próprio fato de falar é um acontecimento para eles. São os que "teimam" em escrever, falar dos outros e contar a si mesmos. A obstinação é o defeito comum dos que fazem o que não têm motivo para fazer. Os pobres falam falsamente porque não têm motivo para falar. Os pobres, na alegoria da ciência historiadora, representam o reverso do objeto "certo" de saber, as massas. Estas se pervertem, colocando-se fora de seu lugar próprio, abandonando as grandes regularidades de sua objetivação para fragmentar-se e dissolver-se em sujeitos que falam, contam a si mesmos e contam aos outros. Os pobres são os objetos da história que pretendem ser seus sujeitos ou historiadores, as massas na medida em que se desfazem e se decompõem em seres falantes. No centro da revolução copernicana, que parecia fundar a legitimidade da ciência historiadora sobre a deslegitimação da palavra do rei, sobre seu vazio, a "renascença dos pobres" vem introduzir um outro vazio, o simulacro de "sua" revolução, que faz a história girar em torno da palavra do primeiro que aparecer. Essa revolução de papelada, invadindo ao mesmo tempo o lugar do rei e a oficina do historiador, define uma solidariedade negativa entre um e outro.

Como compreender essa relação enigmática que a alegoria da nova história estabelece entre a papelada dos pobres, o lugar do rei morto e os perigos que rondam o rigor do método historiador? Talvez para isso seja necessário fazer um desvio aparentemente longo, interessar-se por outra morte real, conceituada por um filósofo meio século depois da morte pacífica do rei Filipe II, em dois livros que enquadram a morte violenta de Carlos I da Inglaterra: o primeiro grande regicídio da modernidade, o primeiro a fundar politicamente sua legitimidade. Penso no *De cive* e no *Leviatã*, de Thomas Hobbes, e, em particular, nos dois capítulos dedicados às causas das sedições. Esses capítulos podem reter nossa atenção porque, no quadro tradicional de um pensamento da sedição – dos desequilíbrios e das doenças do corpo político –, Hobbes introduz uma dramaturgia e um modelo para pensar a relação entre os perigos que ela representa para a política e para a ciência.

Dois traços essenciais definem e opõem essa nova dramaturgia à tradição herdada de Platão e Aristóteles. Doravante, não se trata mais da classificação dos regimes e das causas que os transformam uns nos outros. Trata-se da vida ou da morte do corpo político como tal. A questão não é mais a das leis próprias da conservação de cada regime singular e das causas de sua perdição. É a das leis que conservam o corpo político, seja qual for, e daquelas que do mesmo modo provocam sua dissolução. Ora, e este é o segundo traço distintivo, esses efeitos bem mais radicais são produzidos por causas aparentemente bem mais leves. O pensamento antigo reduzia a multiplicidade das causas de sedição a dois pontos principais: os conflitos das classes e os desequilíbrios na divisão dos poderes. Mas as causas que produzem a ruína do corpo político moderno são bem menos que isso. São, em primeiro lugar, opiniões, questões de palavras mal empregadas ou frases indevidas. O corpo político é ameaçado por palavras e frases que correm aqui e ali, não importa onde, por exemplo: "devemos ouvir antes a voz de nossa consciência do que a da autoridade", ou ainda: "é justo suprimir os tiranos", frases de pregadores interessados que encontram não poucos ouvidos complacentes. A doença da política é, em primeiro lugar, a doença das palavras. Há palavras demais, palavras que não designam nada, a não ser precisamente alvos contra os quais eles armam o braço dos assassinos.

Tomemos, por exemplo, uma palavra como *tirano* ou *déspota*. Tal nome não é, de fato, o nome de uma classe, de uma propriedade. Pois das duas uma: ou o pretenso déspota do qual se exige a morte é um príncipe legítimo ou é um usurpador. O pacto político ordena, evidentemente, que se obedeça ao primeiro. Mas não há, contra o segundo, mais *direito* de revolta, pois este não é um mau príncipe que os súditos possam legitimamente castigar. Ele é simplesmente um inimigo com o qual não existe nenhum pacto. Os membros do corpo político não estão num conflito de legitimidade com ele, mas apenas numa relação de guerra. *Déspota* ou *tirano*, num caso e noutro, é uma palavra sem referente, um nome ilegítimo, que é ele próprio fruto de uma usurpação.

A política, para Hobbes, é doente desses nomes sem referentes, dessas frases que não têm motivo para existir, mas tomam corpo por duas razões, graças a duas conivências. A primeira é a dos homens do verbo encarnado, esses pregadores que, por comodidade, chamam de déspota ou tirano simplesmente os soberanos que se opõem à invasão de sua religião, esses "epilépticos" que encontram no livro da fé os apólogos ou as profecias próprias para atrair os simplórios. A segunda é a dos escritos que dão vida e consistência à figura do déspota: esses textos dos antigos e de seus imitadores cheios de histórias e déspotas, de teorias da tirania e de suas desventuras, histórias e poemas em glória dos tiranicidas. Assim, alimenta-se a segunda grande doença do corpo político: a *hidrofobia* literária e antiquizante que se associa à *epilepsia* religiosa para arruinar por meio de palavras e frases o corpo da soberania.[8]

Hobbes conceitua assim uma "renascença" ou uma "papelada" dos pobres de *status* teórico e dramático radical. O que a constitui são essas vozes e essas escrituras parasitas que não invadem apenas a escrivaninha do soberano, mas sobrecarregam seu corpo – o verdadeiro corpo do povo – com um fantasma feito de palavras sem corpo – o fantasma de um ser que deve ser morto – e dão assim à multi-

---

8 Hobbes, *Léviathan*, p.348-52; *Le citoyen*, p.214-27.

dão dispersa dos *qualquer um* os atributos do corpo político.

A mesma ilusão atribui ao corpo do rei um nome vazio (déspota) e dá à multidão um nome que convém somente ao corpo soberano, o de povo. Assim, constitui-se a cena extravagante de uma política-ficção que põe o primeiro que aparece na posição de emissor ou receptor legítimo de um discurso do povo costurado com profecias bíblicas ou arengas à moda antiga, ou mesmo com uma mistura de ambas, imitações e subimitações de ambas. A revolução moderna, que Hobbes vê nascer, poderia ser definida assim: a revolução dos filhos do Livro, dos pobres "que teimam em escrever, contar a si mesmos, falar dos outros", a proliferação dos falantes fora de lugar e fora da verdade, que acumulam as propriedades dos dois grandes corpos de escritura a seu alcance, a epilepsia profética e a hidrofobia mimética: revolução da papelada pela qual a legitimidade real e o princípio da legitimidade política são desfeitas, fragmentadas na multiplicação das palavras e dos falantes que vêm atualizar outra legitimidade, a legitimidade fantástica de um povo surgido entre as linhas da história antiga e a escritura testamentária. Tal é, nos tempos de Filipe II e de Hobbes, a papelada dos monarcômacos, dos soldados de Deus e dos apaixonados pela Antiguidade por intermédio dos quais se multiplicam os focos da palavra "legítima" e, ao mesmo tempo, os repertórios que permitem mudar os nomes e construir figurações e argumentações que fazem surgir em tal ou tal lugar, com tais ou tais traços, o despotismo ou a liberdade. O efeito dessa papelada não é simplesmente o tumulto introduzido nos espíritos para preparar o caminho para o machado regicida. É, mais profundamente, uma primeira morte do rei, uma morte de papel que lhe dá um corpo fantástico para se apropriar dos atributos de seu verdadeiro corpo.

É realmente necessário relacionar essa cena filosófico-política à cena científica do historiador, com o débil pretexto de que se trata tanto aqui como lá de um rei morto? Certamente, Braudel não se preocupou com isso. No entanto, não se trata de saber aquilo com que ele se preocupou. Trata-se das condições de escritura da narrativa histórica erudita na era democrática, das condições de articulação do triplo contrato científico, narrativo e político. Desse ponto de vista, a relação das duas cenas não exprime uma analogia aproximativa, mas um nó teórico bem determinado. No espaço político e teórico aberto pela revolução inglesa e pela filosofia política de Hobbes, a morte do rei é um acontecimento duplo, um acontecimento que une, em seu perigo comum, a política e a ciência. O mal teórico e político, para Hobbes e para a tradição que ele inicia, identifica-se com o seguinte: a proliferação dos nomes emprestados, dos nomes que não se parecem com nenhuma realidade e que matam porque são mal empregados, empregados por pessoas que não deveriam manejá-los, que os tiraram de seu contexto para aplicá-los a uma situação que não tem nada a ver com ele. O perigo vem de todos esses nomes flutuantes, da multiplicidade dos homônimos e das figuras que não nomeiam nenhuma propriedade real, mas encontram exatamente por isso os meios de incorporar-se a qualquer coisa. A desordem da política é estritamente idêntica a uma desordem do saber. O mal posto em prática pela revolução moderna é semelhante ao que é posto em prática pela metafísica: o das palavras às quais não se vincula nenhuma ideia determinada. Hobbes funda assim uma aliança entre o ponto de vista da ciência e o do lugar do rei, uma tradição teórica que proponho chamar de real-empirismo. É essa tradição que vai alimentar a crítica da Revolução Francesa e dos direitos "metafísicos" do homem, da qual Burke será o principal defensor. Mas é ela também que, deslocando-se da polêmica política para a crítica científica, alimentará toda uma tradição do saber social: aquela que incansavelmente convoca as palavras para fazê-las confessar a consistência ou a inconsistência do que dizem, para denunciar em particular a impropriedade, a homonímia ilusória das palavras pelas quais os reis e as realezas são processados, nas quais as revoluções e os grandes movimentos da era democrática se fazem e se dizem. Desde o acontecimento da morte de Carlos I, essa tradição faz recair sobre a política da era moderna e a história, que é filha dela, uma suspeita de duas faces, política e teórica. Mesmo quando a imputação criminal parece anulada no consenso democrático, a suspeita radical de não verdade persiste e mostra-se capaz de despertar os fantasmas da cena primitiva.

As singularidades simétricas do discurso sobre a papelada dos pobres e da narrativa da morte real que começam e terminam *O Mediterrâneo* inscrevem-se na limitação desse espaço teórico e político. Ela anula a bela imagem de uma revolução copernicana, fazendo girar em torno das massas o que girava em torno dos reis e impede a simples coincidência entre a dispensa dos reis e dos embaixadores e a promoção de uma história científica ligada aos dados sólidos e rigorosamente elaboráveis da vida das massas. Para passar da história dos acontecimentos para a das estruturas, é preciso subtrair as massas de sua não verdade. Passar da crônica real para a história erudita é encontrar, sobre a mesa do rei, uma papelada dupla. Há os despachos dos embaixadores, a papelada fútil dos servidores dos reis. E há a papelada dos "pobres", dos falantes fora da verdade, que invadem o tempo perdido da história. Hobbes e os partidários esclarecidos dos reis viam nela a arma da morte. Braudel, com os fundadores lúcidos do saber social moderno, descobre nela "a cegueira" da vida. Não há nenhuma contradição entre esses dois julgamentos. Ao contrário, esse é um dos axiomas fundadores do saber social moderno, fortemente pontuado por Durkheim: é o excesso de vida que faz a vida adoecer; doente de cegueira cega a sua doença. É o excesso de vida que provoca a morte. E o excesso de vida nos seres falantes reunidos em sociedade é, em primeiro lugar, excesso de palavras. Esse excesso de palavras e frases torna os homens da era das massas cegos aos grandes equilíbrios e às grandes regulações que mantêm o corpo social, ao mesmo tempo em que o tornam objeto de ciência. O excesso de palavras que mata os reis rouba ao mesmo tempo dos homens da era democrática o conhecimento das leis que mantêm vivas suas sociedades.

Sabemos que essa dupla ameaça determinou o projeto sociológico de uma política do saber. Também sabemos que ela dá à poética do saber historiador suas limitações. A história nova não pode simplesmente receber da morte dos reis seu objeto novo. Como toda ciência social legítima, ela deve regrar essa vida excessiva dos seres falantes que matou a legitimidade do rei e ameaça a legitimidade do saber. Mas essa exigência é crucial para ela, mais do que para qualquer outra. Cúmplice, por seu próprio nome, da doença dos seres falantes, intimamente ligada, por seu novo objeto e discurso, à morte dos reis e ao perigo da palavra legítima, ela tem a obrigação imperiosa de reescrever a cena primitiva, de dar aos reis uma outra morte de escritura e uma sucessão científica legítima. As figuras da escrita historiadora que se juntam à narrativa da morte de Filipe II – a indiscernibilidade do próprio e do figurado, a realeza temporal do presente, a troca dos poderes do discurso e da narrativa – adquirem um sentido determinado. Longe de qualquer "artifício estilístico", elas respondem ao desafio lançado pela análise real-empirista da morte do rei como catástrofe teórica e política. Elas suprimem o estigma original marcando como não verdade os saberes próprios da era das massas. À morte papelocrata do rei, a alegoria construída por elas, homogênea na narrativa erudita, opõe outro paradigma da morte real capaz de definir, para a história da era das massas, um lugar de verdade. A poética do saber historiador é a resposta a uma questão de política do saber que poderia enunciar-se em sua candura ou em sua brutalidade: como dar aos reis uma boa morte, uma morte científica?

O excesso de palavras

A cena do rei morto ou mudo, portanto, deixa transparecer outra cena, igualmente crucial para o *status* do discurso historiográfico: a de um vivo que fala demais, que fala sem razão, fora de lugar e fora da verdade. A seriedade da palavra historiadora é desafiada por essa palavra cega e cegante. Ela será crônica ou história, literária ou erudita, dependendo da maneira como tratará esse acontecimento/não acontecimento de uma palavra cujo sujeito não tem capacidade para garantir a referência do que diz.

Para essa cena, como para a anterior, a escolha do historiador é claramente circunscrita: ele pode não falar de uma papelada cientificamente insignificante. Ele pode falar dela para explicar por que não tem de levá-la em consideração. Pode, enfim, refazer a narrativa daquilo que ela diz.

A escolha é igualmente clara. A resposta, no entanto, será mais complexa. E teremos a dimensão dessa complexidade comparando duas maneiras de tratar a palavra fora de lugar, uma tirada da tradição da crônica e da literatura e a outra da historiografia erudita moderna. Em outras palavras, comparamos as formas do falar historiador em duas obras que o tempo, o propósito e a escritura põem a uma distância infinita um do outro, mas que se referem ambos ao acontecimento enganador da palavra excessiva: os *Anais* de Tácito e a obra de Alfred Cobban, *Le sens de la Révolution française* [O sentido da Revolução Francesa].

No Capítulo 16 do Livro I dos *Anais*, Tácito relata um acontecimento subversivo: a revolta das legiões de Panônia, instigadas, após a morte de Augusto, por um obscuro agitador chamado Percênio. Se essa passagem retém nossa atenção é, evidentemente, porque já foi objeto de um comentário magistral de Erich Auerbach. No Capítulo 2 de *Mimesis*, ele comenta a representação que Tácito dá a uma fala e a um movimento popular e a contrapõe à que é ilustrada no Evangelho de Marcos pela narrativa da negação de Pedro.

A singularidade da narrativa de Tácito, bem marcada por Auerbach, é a seguinte: ele reconstrói minuciosamente a argumentação do legionário Percênio, com seus detalhes concretos e sua força persuasiva. Mas, antes de dar a Percênio essa palavra persuasiva, ele a declarou nula. Expôs rigorosamente o não lugar de sua palavra e circunscreveu estritamente o lugar desse lugar: uma vacância, um tempo de suspensão nos exercícios militares. Augusto acaba de morrer. Tibério ainda não foi entronizado. Um vazio objetivo existe e marca a decisão do general dentro de campo: não sabemos se em sinal de luto ou alegria ele interrompeu os exercícios rotineiros. A partir daí, vai acontecer uma coisa que não tem causa real, que não tem razão profunda, que é puro produto de um vazio. As legiões não têm mais nada para fazer e disso nascem, segundo a notória consequência do ócio para todos os vícios, "a dissolução, a discórdia, a presteza para dar ouvidos aos maus conselhos, enfim o amor excessivo pelos prazeres e pelo descanso, a repulsa à disciplina e ao trabalho".[1] Esse vagar forçado vai ser ocupado por um especialista dos vagares, um homem de teatro, "um certo Percênio, outrora chefe de claque que se tornou soldado raso, orador audacioso e instruído, entre as cabalas dos histriões, para criar intrigas".

Antes de expor as razões da revolta, Tácito indicou que não havia por que procurá-las. Apenas a vacância dos exercícios erigiu o não lugar em lugar, deu a palavra àquele que não deveria tomá-la. Apenas ela lhe permitiu erigir, no lugar do silêncio da disciplina militar, seu exato oposto: a algazarra da teatrocracia urbana.

Percênio não tinha por que falar. No entanto, Tácito o faz falar. E sua fala é ordenada, precisa, convincente. Ele pinta o quadro das durezas da vida militar, da miséria dos 10 asses por dia, valor estimado do corpo e da alma dos soldados e com o qual eles têm ainda de providenciar armas, roupas e tendas, sem contar os presentes que devem dar aos centuriões para evitar corveias e crueldades. Ele lembra o embuste que é a aposentadoria, as terras generosamente concedidas aos veteranos no lodo dos brejos ou nas terras agrestes das montanhas.

---

1 Tácito, *Annales*, I, XVI, p.20, comentado por Auerbach, *Mímesis*, p.45 et seq.

E sua apresentação das afrontas termina com reivindicações precisas de salário e tempo de trabalho: "Um denário por dia de soldo, dispensa ao fim do décimo sexto ano; passado esse tempo, nenhuma obrigação de permanecer sob a bandeira e, ainda em campo, recompensa em dinheiro vivo".

A narração parece ordenar-se segundo uma disjunção radical. A revolta é explicada duas vezes: em sua ausência de razão e nas razões que ela dá a si própria. E apenas a primeira tem valor de explicação. Não que as razões de Percênio sejam declaradas falaciosas. O historiador não as comenta nem as refuta. Não diz nem que são verdadeiras nem que são falsas. Mais fundamentalmente, elas não têm relação com a verdade. Sua ilegitimidade não vem de seu conteúdo, mas do simples fato de que Percênio não está em posição de falante legítimo. Pensar e exprimir seu pensamento não é para um homem de sua posição. E sua fala é reproduzida comumente apenas nos gêneros "baixos" da sátira e da comédia. Não se admite que um conflito essencial se manifeste por sua boca, que se veja nele, à maneira moderna, o representante sintomático de um movimento histórico que opera nas profundezas de uma sociedade. A palavra de um homem do povo é, por definição, sem profundidade. Explicar as razões de Percênio não tem mais cabimento do que refutá-las. Cabe apenas redizê-las, em sua coerência própria, em sua conformidade com o sujeito que as pronuncia.

Mas redizer as razões de Percênio não é de maneira alguma repeti-las. Aliás, quem sabe o que Percênio pode ter dito? Sem dúvida, Tácito não tem nenhuma informação a esse respeito. E isso não tem importância. Refazer esse discurso não é questão de documentação, mas de invenção. Trata-se de saber o que pode ter dito uma personagem desse tipo em tal situação. E, para isso, desde que Homero inventou a personagem, cem vezes foram imitados, de Térsites, os modelos apropriados. Além do mais, a apresentação das afrontas e das reivindicações é perfeita demais em sua argumentação, bem cunhada demais em suas expressões para que se possa atribuir a um Percênio qualquer capacidade de compor algo semelhante. Não é Percênio que fala, mas Tácito que lhe empresta sua língua, como fez, aliás, com Galgacus ou Agrícola. Trata-se de trechos de retórica, compostos de acordo com as regras da conveniência e da verossimilhança, por imitação de modelos e para servir de modelos nas escolas para outros imitadores. A única singularidade concerne aqui à categoria social da personagem imitada. Mas a tradição retórica da imitação diz que, para dar o pitoresco da narrativa e a exemplificação moral, deve-se pôr para falar personagens de dignidades diversas, elevadas à dignidade literária, antes de mandá-las de volta ao seu devido lugar.

Para Auerbach, essa disjunção da narrativa equivale a uma dupla expropriação: Tácito priva Percênio de suas razões e de sua voz, de seu pertencimento a uma história comum e de sua palavra própria. Auerbach opõe a essa anulação retórica o realismo da cena da negação de Pedro no Evangelho de Marcos: a presença do povo, a personagem da criada e a menção ao sotaque galileu de Pedro dramatizam a mistura de grandeza e fraqueza que caracteriza o homem do povo vivamente impressionado pelo mistério da encarnação do verbo. A mistura dos gêneros – que é proibida a Tácito – permite que o evangelista represente uma coisa que a literatura antiga não podia representar, uma coisa que está fora da literatura e das divisões de estilos e condições pressupostas por ela: o nascimento de um movimento espiritual nas profundezas do povo. Assim, Auerbach marca à sua maneira a relação entre uma política do saber e uma poética da narrativa em torno da questão da representação do outro. Porque não pode levar a sério a palavra de um homem que saiu das fileiras de soldados e porque pensa dentro das categorias da divisão dos gêneros nobres e baixos, Tácito permanece aquém das condições de possibilidade de um realismo literário que, ao contrário, é iniciado pela narrativa evangélica. A demonstração de Auerbach se vincula em particular a essa vertente das categorias da poética que diz respeito à separação dos gêneros em função da dignidade das pessoas representadas. Ele deixa de lado a outra vertente, a que diz respeito ao que Platão denomina *léxis*: a modalidade da enunciação do poema, da relação entre seu sujeito e aquele que ele representa, modalidade que varia desde a objetivação da *diegesis*, em que o narrador conta uma história, até a mentira da *mímesis*, em que o poeta se esconde atrás de suas personagens. Ora, a importância dessas categorias da poética antiga é que, cruzando com as categorias linguísticas modernas do discurso e da narrativa, elas permitem outro tipo de questionamento sobre essa narrativa e sobre a narrativa histórica em geral. Que relações do discurso e da narrativa tornam possíveis a história em geral e essa ou aquela de suas formas? Como a introdução da palavra excessiva, ilegítima, harmoniza-se com o sistema dessas relações?

Com o sistema de pessoas que relaciona o narrador àqueles que ele faz falar? Com os modos e os tempos de sua escritura, os efeitos de afirmação e objetivação, de distância e suspeição que pertencem ao discurso ou à narrativa, a essa ou aquela forma da conjunção ou da disjunção de um e de outro?

Segundo essa perspectiva, o que nos interessa no discurso de Tácito não é seu efeito de exclusão, ressaltado por Auerbach, mas, ao contrário, seu poder de inclusão: o lugar que ele mesmo atribui a quem ele declara sem lugar. Para Tácito, Percênio não faz parte daqueles cuja palavra é importante, daqueles de quem falam seus semelhantes. E, no entanto, ele o faz falar do mesmo modo que os outros. Dá a palavra a ele nesse "estilo indireto" que é a modalidade específica pela qual ele realiza o equilíbrio da narrativa e do discurso e mantém juntos os poderes da neutralidade e os da suspeita. Percênio fala sem falar, nesse modo infinitivo que é o grau zero do verbo, que exprime seu valor de informação sem julgar o valor dessa informação, sem situá-la na escala do presente e do passado, do objetivo e do subjetivo. O estilo indireto, separando na prática sentido e verdade, revoga em ato a oposição dos falantes legítimos e ilegítimos. Estes são igualmente validados e suspeitados. A homogeneidade do discurso-narrativa assim constituído vem contradizer a heterogeneidade dos sujeitos que ele põe em cena, a qualidade desigual dos falantes para garantir por seu *status* a referência de seu dizer. Por mais que Percênio seja o outro radical, o excluído da palavra legítima, seu discurso é incluído, numa suspensão específica das relações entre sentido e verdade, da mesma maneira que o do chefe romano Agrícola ou do chefe caledônio Galgacus. Essa igualdade dos falantes reflete outra que define a própria textura da história escrita por Tácito. Ela reflete a homogeneidade entre o *dizer* da história e o *dizer* do que ela conta. Escrever a história é tornar equivalente um certo número de situações de discurso. Contar a ação de Péricles ou de Agrícola é um ato de discurso que tem o mesmo *status* que as arengas de Péricles ou de Agrícola. Refazendo seus discursos como se supõe que eles os tenham feito, o historiador os transforma também na matéria de toda uma série de funções discursivas: oferecer diversão aos letrados, dar lições de política aos príncipes e aos chefes de Estado, lições de retórica e moral aos estudantes. O que Péricles diz aos atenienses, o que o professor de retórica ensina ao aluno de sua escola, o que o historiador escreve repetindo as palavras de Péricles, segundo os modelos de seu mestre, tudo isso tem um mesmo *status*, situa-se no interior de um universo de discurso homogêneo. Essa homogeneidade não impede que eventualmente se denuncie a mentira das palavras, como faz Tucídides, e como Tácito o faz fazer por intermédio de Galgacus. Mas a suspeita a respeito da palavra do outro se resolve por si mesma na forma retórica da disjunção do sentido e da verdade, na suspensão da referência. Ela não cria um fundo duplo, uma metalíngua que confronta o discurso com sua verdade. O discurso de Tucídides que denuncia os oradores das cidades é da mesma natureza daqueles pelos quais estes se denunciam mutuamente. A desqualificação prévia de Percênio libera o poder, igual a qualquer outro, de suas palavras. E o exagero que o próprio Galgacus comete, chamando de deserto o que os romanos batizam com o nome enganador de paz, é compreendido no mesmo jogo sobre a língua que inclui a ele, o estrangeiro, assim como ele inclui, na pessoa de Percênio, aquele que não deve jogar com nenhuma língua. A língua a que este último não tem direito, dando-se o direito de fazê-lo falar, incluindo-o em sua comunidade. A desqualificação que o atinge é resgatada pela própria confiança na língua, nos poderes indistintos do ser falante. Galgacus não fala latim, Percênio não disse nada que a reputação tenha mantido. No entanto, resta o poder agregador da língua e dos jogos autorizados por ela, o poder de um discurso sempre suscetível a fazer entrar em sua comunidade aqueles que o traçado de seu círculo exclui.

A apropriação da palavra do outro pode inverter-se então. Anulando a voz de Percênio, substituindo a palavra dele pela sua, Tácito não lhe dá apenas uma identidade histórica. Ele cria também um modelo de eloquência subversiva para os oradores e para os simples soldados do futuro. Dali em diante, estes não repetirão Percênio, cuja voz se perdeu, mas Tácito, que diz melhor do que eles as razões de todos os Percênios. E quando o latim de Tácito tiver adquirido, como língua morta, uma vida nova, quando tiver se tornado a língua do outro, a língua cuja apropriação propicia uma nova identidade, os alunos bem dotados dos colégios e dos seminários talharão, em sua língua e em estilo direto, arengas novas que, por sua vez, os autodidatas tomarão como modelos, em concorrência com a narrativa evangélica e a imprecação dos profetas. Todos aqueles que não têm motivo para falar se apoderarão dessas palavras e dessas frases, dessas argumentações e dessas máximas, a fim de constituir um corpo novo de escritura para a subversão. A *hidrofobia* regicida e a *metafísica* dos direitos do homem se alimentarão delas, para desespero de Hobbes e Burke, a fim de criar a cena da revolução moderna, da revolução dos filhos do Livro.

Como dissemos, esse desespero não foi estéril. Ele criou uma tradição do saber social moderno. Criou-o numa relação essencial com a desventura do acontecimento revolucionário: uma relação que identifica essa desventura política com a desventura – a *infelicity* – das palavras empregadas fora de seu contexto. Se a revolução – e mais particularmente a Revolução Francesa – representou para o saber social – e muito particularmente para a sociologia e para a história – o papel de duas faces de acontecimento fundador, é porque sua violência se identifica com o escândalo teórico do acontecimento em geral. Escândalo do acontecimento que é o da conflagração dos discursos e da confusão dos tempos. Todo acontecimento, entre seres falantes, está ligado a um excesso da palavra na forma específica de um deslocamento do *dizer*: uma apropriação "fora da verdade" da palavra do outro (fórmulas da soberania, do texto antigo, da palavra sagrada) que a faz significar diferentemente; que faz raciocinarem no presente a voz da Antiguidade e na vida vulgar a linguagem da profecia ou das belas-letras. O acontecimento extrai sua novidade paradoxal do que está ligado ao redito, ao dito fora de contexto, fora de propósito. Impropriedade da expressão que é também uma superposição indevida dos tempos. O acontecimento tem a novidade do anacrônico. E a revolução, que é o acontecimento por excelência, é por excelência o lugar em que o saber social se constitui no interior da denúncia da impropriedade das palavras e do anacronismo dos acontecimentos. Não é de modo algum por polêmica de circunstância, mas por necessidade teórica profunda que a interpretação da Revolução Francesa pôs em seu centro a questão do anacronismo e perseguiu-a até o limite: essa afirmação do não lugar do acontecimento que tem o nome de revisionismo.

O fantasma original do saber social é a revolução como anacronismo, a revolução em trajes e discursos à moda antiga. A revolução transforma em acontecimento e reviravolta comuns o anacronismo, a diferença temporal em relação a si mesmo, que é própria do ser falante. O desafio que ela lança à política e ao pensamento, os saberes sociais o aceitaram numa forma específica: na elaboração de um pensamento não acontecimental [*événementielle*] do tempo, de um tempo liberado do anacronismo da palavra e do acontecimento.

Entre essas reelaborações do tempo que ocuparam a era das revoluções, duas tiveram um papel determinante na concepção do saber social e em sua vocação crítica. A maneira marxista adotou como eixo fundamental a relação do futuro com o passado. O atraso das forças do futuro, sua imaturação, foi sempre dado como responsável pelo retrocesso, pela repetição anacrônica e verborrágica do passado, em vez da execução das tarefas do presente. A ignorância do ator histórico e o saber simétrico do teórico da história estavam ligados a essa predominância de um futuro, o único capaz de explicar o passado, mas sempre falho no presente da ação, sempre cindido de novo na inacessibilidade de um *ainda não* determinando a repetição de um *ainda uma vez*. A análise da luta de classes que fez a glória paradoxal de Marx é antes a distribuição teatral das figuras que a conjunção do *ainda não* e do *uma vez mais* pode assumir.[2]

A análise real-empirista, hoje revigorada pelas vicissitudes do modelo marxista, procede ao inverso, no eixo dos tempos, pela desqualificação conjunta das categorias do passado e do futuro. A utopia que orienta suas interpretações é a de uma ciência cujas categorias seriam adequadas ao objeto dessas interpretações porque seriam exatamente suas contemporâneas. O presente é o tempo da análise real-empirista. Mas é próprio do presente – como do real – esquivar-se constantemente dos que tomaram seu partido. Assim, ele deve ser sempre recuperado do passado e do futuro, estabelecido pela crítica incessante do passado que se repete fora de estação e do futuro indevidamente antecipado. As contas intermináveis do real-empirismo com o acontecimento revolucionário passam, assim, por uma reinterpretação interminável da interpretação marxista-futurista de seu anacronismo.

É essa reinterpretação que é exemplificada pela obra de Alfred Cobban, *A interpretação social da Revolução Francesa*, que se tornou o livro fundamental da historiografia revisionista da Revolução Francesa. O título é emblemático, evidentemente. O trabalho do historiador não é mais contar as revoluções, mas interpretá-las, relacionar os acontecimentos e os discursos que os fundam e explicam. E, é claro, o que funda os acontecimentos é sempre o não acon-

---

2 A esse respeito, permito-me remeter o leitor a meu livro, *Le philosophe et ses pauvres*, p.135-55.

tecimento; o que explica as palavras é o que não é mais palavra. Em suma, o historiador assume como tarefa o que Auerbach acusava Tácito de não poder fazer. Ele vai ver o que está por trás das palavras. Ele relaciona o discurso sedutor à realidade não discursiva que nele se exprime e se traveste. O discurso do historiador é um discurso-medida que relaciona as palavras da história à sua verdade. É isso que quer dizer explicitamente *interpretação*. Mas é isso também, de maneira menos evidente, que quer dizer *social*. De fato, *social* designa simultaneamente um objeto de saber e uma modalidade desse saber. Num primeiro sentido, a interpretação "social" da Revolução Francesa é a análise dos processos revolucionários em termos de relações e conflitos sociais. Ela mede esses processos por seu significado e efeito nesse domínio: transformação do *status* da propriedade, divisão e conflitos das classes sociais, ascensão, declínio ou mutações de uma ou outra dessas classes. Mas esse sentido primeiro é imediatamente acompanhado de outro: o social se torna esse *outro lado* ou esse íntimo dos acontecimentos e das palavras que é sempre necessário extrair da mentira de sua aparência. *Social* designa o desvio das palavras e dos acontecimentos em relação a sua verdade não acontecimental [*événementielle*] e não verbal. A interpretação social estabelece de imediato certa geografia dos lugares: existem fatos que não pertencem à ordem discursiva, mas requerem um ato discursivo que é a interpretação. Mas, entre os fatos e a interpretação, existe um obstáculo que deve ser afastado, uma nuvem espessa de palavras que deve ser dissipada. As transformações produzidas pela Revolução Francesa na sociedade francesa são obscurecidas pela massa de palavras da revolução: há as palavras dos atores revolucionários, dos historiadores hagiográficos, da tradição republicana, da interpretação marxista em termos de revolução burguesa, da combinação dessas diversas tradições na historiografia dos Mathiez e dos Soboul. A interpretação tem de lidar com o excesso de palavras *da* revolução e *sobre* a revolução. A interpretação *social* tem de lidar com uma primeira interpretação social: uma interpretação que já quis substituir as palavras pelas coisas, mas nessa mesma operação caiu na armadilha das palavras.

Cair na armadilha das palavras significa empregar palavras que são impróprias, porque não são contemporâneas do que nomeiam. Para Cobban, a interpretação marxista cola perfeitamente ao acontecimento passado palavras e noções que pertencem aos tempos ulteriores. Mas, se ela pode fazer isso, é porque toma como certas e seguras as palavras dos atores, dos contemporâneos e dos cronistas da revolução. Ora, essas palavras eram anacrônicas. Remetiam a uma situação que não existia mais na época delas. Em suma, a interpretação marxista acreditou que a revolução era burguesa porque os atores revolucionários haviam acreditado que a feudalidade ainda existia e eles a estavam destruindo. Se essas interpretações equivocadas – futurista e passadista – podem se acumular, é porque repousam sobre um mesmo excesso próprio da linguagem humana em geral, da linguagem humana antes de a ciência pôr ordem nela: o fato de que uma mesma palavra possa designar ao mesmo tempo vários seres ou várias propriedades, que possa designar propriedades que não existem, mas também propriedades que não existem mais ou que ainda nem existem. O mal ao qual a interpretação social deve confrontar-se continuamente é o da homonímia.

A crítica da homonímia, assim como o conceito do social, opera num registro duplo. Num primeiro nível, exige simplesmente que se dê às palavras que designam identidades sociais o sentido que elas possuíam em sua época. Para não subestimar as relações de classe na época revolucionária, é necessário, por exemplo, saber o seguinte: um manufaturador, naquele tempo, não era um grande industrial, mas simplesmente alguém que fabricava produtos com as próprias mãos; um lavrador não era um operário agrícola, mas um camponês proprietário, em geral abastado. Um rendeiro era essencialmente alguém que pagava aluguel para trabalhar a terra, mas também para exercer uma função. Daí todo um trabalho de revisão que pode parecer benigno. Afinal, bastaria um bom dicionário histórico para dar às palavras seu sentido exato. Daríamos os nomes adequados a todas as relações sociais, conservando apenas seus verdadeiros traços distintivos. Mas essa revisão terminológica vê seus resultados ameaçados pela existência de um certo número de palavras-ônibus que ocupam espaço sem designar nenhuma realidade social distinta. As palavras mais enganadoras são evidentemente as mais usadas: nobres, burgueses e camponeses, por exemplo. Essas palavras unem, numa conjunção monstruosa, propriedades que não são contemporâneas umas das outras, relações sociais que não existem mais e outras que ainda nem existem. Tomemos a palavra mais enganadora de todas: *nobre*. Se efetuarmos um recorte das posições sociais em 1789, encontraremos nobres em todos os escalões da sociedade e nas posições mais diversas. Essa realidade é, infelizmente, encoberta por imagens de cortes e castelos e, mais ainda, pela assimilação da nobreza à feudalidade, dos direitos senhoriais aos direitos feudais. Aqui também, se entrarmos nas minúcias das relações, o objeto designado pelo nome se decompõe. O que é chamado de "direitos senhoriais" é uma junção heteróclita de direitos de origens diversas que não define uma dependência pessoal dos plebeus em relação aos senhores, uma relação propriamente feudal. Muito frequentemente, são simples direitos de propriedade, que muitas vezes, aliás, são resgatados por burgueses. É impossível reuni-los no nome de direitos feudais "sem tirar todo o sentido da palavra feudal". E, infelizmente, o mesmo vale para cada uma das três ordens reunidas em Versalhes na primavera de 1789. Nenhuma nomeia um conjunto de propriedades que dê um sentido social a seu nome. A classificação da nobreza, do clero e do terceiro estado deixou de ter, muito antes de 1789, "a mínima relação" com as realidades sociais correspondentes.[3]

O duplo alcance da palavra *social* se precisa da seguinte maneira: *social* designa um conjunto de relações. Mas também designa a incapacidade das palavras de designá-las de forma adequada. *Social* designa a não relação como principal. Designa o desvio das palavras em relação às coisas ou, mais exatamente, o desvio das *nominações* em relação às *classificações*. As classes que se nomeiam e são nomeadas nunca são o que classes, cientificamente

---

3 Cobban, *Le sens de la Révolution française*, p.42.

entendidas, devem ser: conjuntos de indivíduos aos quais é possível atribuir rigorosamente um número finito de propriedades comuns. A confusão anacrônica e homonímica deve-se ao fato de que as palavras da história são nomes. Um nome identifica, não classifica. O mal é benigno enquanto os reis – cujo nome, salvo uns poucos impostores, garante a identidade – fazem a história. Ele corre o risco de se tornar irremediável quando as classes tomam o lugar dos reis. Porque precisamente as classes não são classes.[4] Esse defeito constitutivo não é um simples pecado dos intérpretes marxistas. Ele é o pecado dos atores do próprio acontecimento, o pecado pelo qual se produzem acontecimentos, pelo qual simplesmente existe história. Existe história porque os seres falantes são reunidos e divididos por nomes, porque eles nomeiam a si mesmos e nomeiam os outros com nomes que não têm "a mínima relação" com o conjunto de propriedades. Aquilo que faz sentido para eles e aquilo que para eles se constitui em acontecimento é precisamente o que, para o historiador real-empirista, é "sem relação", é o emaranhado daquilo que ele nos pede para distinguir: o jurídico e o não jurídico, o pessoal e o real, o passado e o presente, o privilégio feudal e a propriedade burguesa. E isso faz sentido para seres que agem não como representantes de identidades sociais definidas por conjuntos de propriedades, mas como nobres ou camponeses, burgueses ou proletários, isto é, como seres falantes. Uma classe ou uma ordem é precisamente uma conjunção desses traços

---

4 Cf. Milner, *Les noms indistincts*, e em particular o Capítulo 11, "Les classes paradoxales".

disjuntos e não contemporâneos. Nas palavras *ordem* ou *classe*, há uma relação das posições do ser falante com as categorias sociais que um conjunto de traços distintivos jamais garantirá. Existe história precisamente porque nenhum legislador primitivo pôs as palavras em harmonia com as coisas. Levada ao extremo, a vontade de liquidar os nomes impróprios equivale à vontade de liquidar a impropriedade e o anacronismo pelos quais acontecimentos em geral acontecem com sujeitos. A declaração da "não relação" das palavras da história com suas realidades é, em último caso, o suicídio da ciência historiadora.

Essa pulsão suicida adquire determinada figura no texto de Cobban. Segundo ele, devemos abandonar a terminologia da revolução – a dos atores e a dos intérpretes – para examinar os fatos sociais, do mesmo modo como faria um sociólogo contemporâneo da revolução. A tese, no fundo, é que a relação do passado com o presente traz em si mesma o estigma do falso: a não contemporaneidade, a impossibilidade de estabelecer a lista das propriedades para tornar uma palavra adequada ao que ela designa. Para que o historiador chegue à verdade, seria necessário que ele trabalhasse com dados de um sociólogo contemporâneo, que lhe permitiria compreender as realidades sociais exatas designadas e ao mesmo tempo escondidas pelas palavras da história.[5] Mas que sociólogo contemporâneo do acontecimento é esse de quem infelizmente a ciência nos falta? Não um pesquisador social, mas a figura utópica do próprio saber social: o legislador

---

5 Cobban, op. cit., p.43.

primitivo que põe os nomes em harmonia com seus referentes, o *presente no presente* que une os dois significados, as duas faces do social, e nos libera do anacronismo crônico do ser falante? A desgraça, nesse caso, é que não existe sociólogo contemporâneo da Revolução Francesa. E essa desgraça não é nada acidental. Por causa da Revolução Francesa, nasceu a sociologia, primeiro como denúncia da mentira das palavras e dos acontecimentos, como utopia de um social adequado a si mesmo.

Nesse recurso utópico a um sociólogo anacronicamente contemporâneo, a crítica real-empirista atinge o ponto em que a crença científica impele o saber histórico: o da rejeição de seu objeto. Privada do recurso a uma língua simbólica ou a uma metalinguagem qualquer, a história crítica deve alimentar seu desejo de ciência mantendo constante suspeita a respeito das palavras. A impossibilidade de substituir os nomes errados pelos certos obriga-a a se reconhecer como tal mostrando que cada nome não corresponde à realidade que designa. Ela a obriga a negar a possibilidade de que haja acontecimento, exceto por impropriedade. Em último caso, a história erudita se escreve como o não lugar da história. Esse último caso tem um nome teórico que é também um nome político: ele se chama *revisionismo*. O revisionismo na história não é a consequência circunstancial de *partis pris* políticos ou da predileção intelectual pelo paradoxo. É o termo dessa política da suspeita pela qual as ciências sociais devem exibir seu pertencimento à ciência, com tanto mais força quanto mais é contestada. E a particular fragilidade da história a expõe ao limite dessa suspeita: a declaração de inexistência de seu objeto. O núcleo da formulação revisionista em geral cabe numa simples frase: *não aconteceu nada tal como foi dito*. A consequência se modula diferentemente conforme afastamos ou aproximamos o não tal do nada que o atrai. A versão niilista da frase deduz que *não aconteceu nada do que foi dito*, o que equivale a dizer que não aconteceu absolutamente nada. Propícia à provocação política, a conclusão, em compensação, é suicida para a história, cujo destino, apesar de tudo, permanece suspenso a esse mínimo de que às vezes acontece alguma coisa. Além do mais, a política da suspeita estende-se com todo o direito a essa radicalidade. Porque o *nada* para o qual ela faz tender as palavras enganadoras do acontecimento tem, mais do que elas ainda, o defeito de ser uma palavra que não designa nenhuma propriedade. A prática positivista do revisionismo, oposta à prática niilista, contenta-se em fazer tender o *não tal* para o *quase nada* de seu efeito ou para o *não lugar* de sua causa.

A direção do *quase nada* é aquela para a qual tende naturalmente a demonstração de Cobban. Ela não diz que a revolução não aconteceu ou não tinha motivos para acontecer, mas que seu efeito social consistente se reduz a bem poucas coisas: algumas mudanças na divisão da propriedade de terra, algumas modificações na composição interna da burguesia e uma sociedade muito mais estável do que era anteriormente. No todo, apenas o suficiente para fazer da Revolução Francesa o exemplo convincente da infinita distância das palavras em relação às coisas.

A direção do *não lugar* é aquela que a demonstração de François Furet segue em *Pensando a Revolução Francesa*. E esta promove uma inversão notável em torno da questão do acontecimento. O que ela critica originalmente na historiografia marxista é, na verdade, o fato de fazê-lo desaparecer do enunciado de suas supostas causas sociais. O acontecimento revolucionário, aquele que não deve ser dissolvido no suposto efeito de suas causas, é precisamente a abertura de um novo espaço político, caracterizado pelo excesso de palavras.

> O que caracteriza a revolução como *acontecimento* é uma modalidade da ação histórica, é uma dinâmica que poderemos chamar de política, ideológica ou cultural, para dizer que seu poder multiplicado de mobilização dos homens e de ação sobre as coisas passa por um sobreinvestimento de sentido.[6]

Essa determinação do sentido da revolução, portanto, situa-se inicialmente no oposto do nominalismo e do sociologismo de Cobban. Mas o "sobreinvestimento de sentido" invocado é imediatamente objeto de uma deflação espetacular. A "dinâmica" do acontecimento revolucionário se deixa resumir inteira nos dois conceitos que parecem ter saído diretamente das obras de Tácito: *vacância* e *substituição*. O que provoca a novidade revolucionária radical, assim como o belo discurso do histrião Percênio, é, propriamente dizendo, um vazio. A revolução como acontecimento inédito é provocada pela "vacância do poder", "instala-se num espaço vazio" a partir de um sumiço inicial: "Desde 1787, o reino da França é uma sociedade sem Estado".[7]

---

6 Furet, *Penser la Révolution française*, p.39.
7 Ibid., p.39, 41, 42.

Essa vacância do poder obriga a força que se instala nele a "reestruturar pelo imaginário o conjunto social que se encontra aos pedaços". Essa obrigação de ocupar um espaço vazio instaura, portanto, "o reino substitutivo da palavra democrática, a dominação das sociedades em nome do 'povo'".[8]

A trama narrativa da historiografia crítica à Revolução Francesa parece reproduzir exatamente a trama da narrativa de Tácito: a vacância da autoridade provoca a proliferação da palavra excessiva. Mas essa semelhança aparente das sequências narrativas da literatura antiga e da ciência histórica moderna encobre uma diferença profunda na natureza de seus elementos. O não lugar é causa nas duas situações, mas não da mesma maneira. Em Tácito, ele permanece um puro vazio. Já a ciência histórica crítica preenche esse vazio com uma teoria do não lugar que qualifica a substituição nos termos de uma teoria do imaginário e dá um *status* de realidade muito particular à vacância. A ciência primeiro nomeia a substituição e a identifica com o próprio conceito do outro da ciência: ilusão, imaginário, ideologia. O "sobreinvestimento de sentido" não é apenas uma palavra de excesso, é a incompreensão específica de sua causa. "Desde 1789, a consciência revolucionária tem a ilusão de vencer um Estado que não existe mais. Desde o início, ela é um perpétuo sobrelanço da ideia sobre a história real [...]."[9] É essa ilusão retrospectiva que estrutura o imaginário da radicalidade revolucionária e permite que ele transforme o cruzamento de várias sé-

---

8 Ibid., p.47.
9 Ibid., p.42.

ries heterogêneas de acontecimentos em "produto necessário do mau governo dos homens".

Essa é a primeira diferença fundamental das duas narrativas. Tácito relacionava o acaso de uma vacância ao não lugar de uma palavra. A ilegitimidade do ato de Percênio de tomar a palavra dispensava-o de qualquer julgamento sobre o caráter ilusório ou verídico das palavras dele. Já a história erudita se prova ao qualificar seu outro. A palavra nascida de uma vacância, a palavra que não tinha motivos para ser é necessariamente uma palavra de ilusão. Mas essa marca visível da ciência dissimula outra, mais secreta e mais essencial. A diferença no efeito do não lugar remete a uma diferença em sua causa, no *status* ontológico do próprio não lugar. Em Tácito, a vacância se refere a um acontecimento empiricamente designável: Augusto morreu, os exercícios foram efetivamente interrompidos. Em compensação, a vacância invocada por François Furet tem a propriedade não acidental, mas sim estrutural de ser inapresentável: "Desde 1789, o reino da França é uma sociedade sem Estado [...] a consciência revolucionária é a ilusão de vencer um Estado que não existe mais". O que dá força à ilusão é, evidentemente, que o que ela não vê é alguma coisa que não se deixa ver. O Pireu, apesar de tudo, deixa-se distinguir do homem, assim como os alhos dos bugalhos, mas a inexistência é a coisa mais difícil no mundo de se ver. E a inexistência dos Estados é o que os Estados, na medida em que existem, têm como vocação mascarar. Não é simplesmente a "fachada de tradição" que ainda mascara na visão dos profanos "a debandada para os muros".[10] É que os

---

10 Ibid.

muros simbólicos estão ali para esconder suas próprias rachaduras. O enunciado segundo o qual, desde 1787, "o reino da França é uma sociedade sem Estado" é inverificável/infalsificável, um enunciado que produz sobre seu referente um efeito específico de suspensão: não a suspensão retórica de Tácito que separava a palavra excessiva de sua verdade, mas a suspensão científica que torna a narrativa do acontecimento indiscernível da metáfora da ciência. O que produz o excesso do acontecimento da palavra é a impossibilidade de ver o vazio que só a causa e a ciência conseguem ver. O que somente a ciência sabe é que o rei morreu antes de ser morto, morto de uma outra morte. E a ignorância dessa morte, invisível a qualquer outro olhar que não seja o olhar erudito, provoca a ilusão de se combater um rei já morto, ilusão que encontra sua conclusão lógica no regicídio e no terror.

A explicação do acontecimento revolucionário vem juntar-se então às categorias do modelo real-empirista: o não lugar, que provoca o desvario da palavra e a ilusão que faz acontecimento, tem sempre a mesma causa. Ele é uma não presença no presente. Os atores históricos vivem na ilusão de criar o futuro combatendo uma coisa que, na verdade, já é passado. E a revolução é o nome genérico dessa ilusão, desse falso presente do acontecimento que é a conjunção de uma incompreensão e de uma utopia: a incompreensão do caráter passado do que se crê presente, a utopia de tornar presente o futuro. A revolução é a ilusão de se fazer a revolução que nasce da ignorância de que a revolução já está feita.

A demonstração desse círculo cruza duas interpretações estabelecidas e aparentemente contraditórias da Revolução Francesa: a interpretação liberal, que a inscreve na necessidade de evolução das sociedades modernas e a mostra prefigurada desde os tempos mais distantes da monarquia; e a interpretação contrarrevolucionária, que a descreve, ao contrário, como um ato de violência para impor a uma sociedade organicamente constituída a ordem artificial do individualismo e do igualitarismo filosóficos. A primeira tradição é a que ilustra Tocqueville quando mostra a longa marcha da igualdade nos tempos modernos acompanhando a obra de unificação e centralização monárquica. Segundo essa interpretação, foram de fato os reis que criaram a nação republicana. A revolução, em 1789, já havia acontecido. Assim, Tocqueville pode parar seu estudo antes de 1789, deixando para outros o cuidado de saber por que os revolucionários se obstinaram em fazer uma revolução que não estava mais por fazer. É precisamente nesse vazio que reside a explicação contrarrevolucionária. Esta tem como objeto específico explicar como aconteceu o que não tinha motivo para acontecer. E o princípio da explicação é simples. Ele dá como causa a existência de um corpo de especialistas do não lugar: os intelectuais. "Sociologia dos intelectuais", diz François Furet para qualificar a interpretação de Augustin Cochin sobre o papel determinante das "sociedades de pensamento". Mas aqui também o "sociólogo" é simplesmente aquele que denuncia o desvio das palavras em relação às coisas. E, de fato, Augustin Cochin apenas retoma da sociologia a cena primitiva que a contrarrevolução lhe havia dado como local de nascimento: o drama do vínculo social orgânico rompido pelo artificialismo e pelo individualismo filosóficos. "Intelectuais" é o nome erudito que aparece no lugar do nome político "filósofos". E é, indissoluvelmente, o nome de uma função narrativa: a dos sujeitos que fazem advir o não lugar. As duas interpretações se juntam então: a revolução imaginária do futuro dura o intervalo necessário para que a sociedade tome consciência de que a revolução já é passado. "Devolvendo ao social sua independência em relação à ideologia, a morte de Robespierre nos faz passar de Cochin para Tocqueville", o "Nove de Termidor separa dois conceitos de revolução, ao mesmo tempo que duas épocas. Ele põe fim à revolução de Cochin, mas deixa aparecer, ao contrário, a revolução de Tocqueville".[11]

A frase merece nossa atenção. Compreendemos, evidentemente, que nem Cochin nem Tocqueville fizeram a revolução, do mesmo modo que Filipe II jamais recebeu Fernand Braudel. Não nos enganamos, portanto, com o jogo da anfibologia e com as figuras de equivalência da narrativa e do discurso. Mas aqui essa equivalência, mantida na narrativa da morte do rei, cai inteiramente no terreno do discurso que absorve a narrativa, da interpretação que toma o lugar do acontecimento. O jogo com os complementos realiza a substituição dos sujeitos, a substituição da cena histórica pela cena historiográfica, em que a revolução é assunto de atores que não são aqueles que acreditaram fazê-la, em que ela existe apenas como emaranhado de interpretações. Assim, a vontade inicial de compreender o acontecimento liberando-o das interpretações é exatamente

---

11 Ibid., p.101-2.

Os nomes da história

invertida. O acontecimento emblemático do Nove de Termidor é a consumação do reino ilusório do acontecimento, o puro limite que separa duas interpretações, dois discursos de ciência política: uma interpretação da ilusão e uma interpretação da realidade. Nesse completo desaparecimento da história na historiografia, a pretensão erudita da história, levada ao limite da anulação de seu objeto, estende a mão para a pretensão erudita da política. A história, agora historiografia, torna-se uma seção da ciência política, uma teratologia ou uma demonologia dedicada ao estudo da aberração que faz proliferar o acontecimento da palavra nas falhas da legitimidade política. O termo da crença historiadora erudita é a abolição da história, que se tornou sociologia ou ciência política. A conclusão da revisão erudita da revolução assinala talvez o fim da era da história.

Por isso mesmo, essa conclusão permite um retorno a essa era que ela termina: a era triunfante da história como narrativa de inteligibilidade, articulando o triplo contrato narrativo, científico e político no intervalo entre a velha arte política e a nova ciência da gestão de negócios. A era da história foi aquela em que os historiadores inventaram um dispositivo conceitual e narrativo próprio para neutralizar o excesso de palavra, mas também para dominar a pulsão de morte inerente à crença erudita em história. A era da história, de Michelet a Braudel, foi aquela em que os historiadores puderam reescrever a cena da morte do rei no equilíbrio da narrativa e da ciência.

A narrativa fundadora

A história erudita da era democrática tem uma genealogia problemática. Lucien Febvre saudou Michelet como o pai fundador da Escola dos *Annales*. Mas a homenagem obrigatória deixa obscuro o sentido da paternidade. E, na realidade, o ancestral é incômodo. Os historiadores formados na boa escola têm dificuldade de ver o que os rigores e as prudências do método devem às paixões, às fantasias e aos efeitos linguísticos do historiador romântico. Assim, de bom grado deixam ao semiólogo o cuidado de estudar sua conjunção.[1] Tentaremos mostrar, ao contrário, que as "fantasias" e os efeitos de estilo de Michelet definem bem as condições do falar cientí-

---

[1] Como podemos constatar, o semiólogo – Roland Barthes – desencarregou-se da obrigação de maneira magistral em seu *Michelet par lui-même* [Michelet por ele mesmo], livro do qual uma reflexão sobre a poética dos saberes, seja qual for a diferença de perspectivas, é devedora, assim como de alguns outros textos do mesmo autor.

fico dos *Annales,* que eles são os operadores do que era chamado antigamente de corte epistemológico, do que prefiro chamar de revolução das estruturas poéticas do saber.

O que Michelet inventou, de fato, para a história da era das massas, foi a arte de tratar o excesso de palavras, a "morte papelocrata" do rei. Em face do modelo real-empirista, ele inventou um paradigma republicano-romântico da história no qual ela deve se basear se deseja continuar a ser uma história e não uma sociologia comparada ou um anexo da ciência econômica ou política. A constituição desse paradigma supõe uma narrativa do acontecimento revolucionário, um regramento do excesso revolucionário da palavra, capaz ao mesmo tempo de suprimi-lo e mantê-lo em seu *status* de acontecimento de palavra.

Esse regramento, na *História da Revolução Francesa,* pode ser lido numa narrativa exemplar, numa narrativa fundadora: a da Festa da Federação. Para Michelet, essa festa é, de fato, o acontecimento pacífico e fundamental em que se manifesta o sentido da revolução: não a Bastilha destruída ou a realeza decapitada, mas o aparecimento da nova entidade política que é ao mesmo tempo o novo objeto de amor: a pátria. "Enfim, a sombra desaparece, a névoa se vai, a França vê distintamente o que ela amava, perseguia sem ainda compreender bem: a unidade da pátria [...] a grande pátria lhes aparece sobre o altar abrindo-lhes os braços e querendo abraçá-los."[2]

Esse é o acontecimento do qual *é preciso* falar, se se quer fundar uma história nova, separada da

---

2 Michelet, *Histoire de la Révolution française,* p.324.

velha crônica, mas também livre do ressentimento real-empirista em relação às palavras enganadoras e assassinas. Lucien Febvre, ao menos, compreendeu perfeitamente que uma nova história das coisas somente é possível se for mantida a realidade dos nomes e, em particular, desses nomes que sucedem ao nome do rei: França, pátria, nação, essas "abstrações personificadas" que são denunciadas pela rotina empirista dos cronistas. Para tornar possível uma história não acontecimental [*événementielle*] da era das massas, é preciso falar primeiro desse acontecimento de uma multidão reunida para celebrar o aparecimento de uma abstração encarnada. E é preciso falar dele de uma maneira que não dissolva essa presença de uma palavra na multidão, decompondo-a em sua realidade já dada (a unidade inventada pela realeza) e sua tradução ideológica (o consenso inventado pela tagarelice inebriada das sociedades de pensamento).

Portanto, como contar esse acontecimento para que ele não represente simplesmente o vazio da ideologia que substitui o vazio do poder real? Para que dê um lugar originário comum à política democrática e à história erudita? Esse é o problema ao qual Michelet dá uma solução. O que ele inventa para isso é o próprio princípio do que vimos em ação no capítulo de Braudel sobre a morte de Filipe II, o princípio da nova narrativa, daquela que não é uma narrativa, e assim convém ao acontecimento não acontecimental [*événementielle*]. Para isso, o autor adota um procedimento muito singular. À primeira vista, parece nos remeter, para a narrativa do acontecimento, aos testemunhos existentes, que por si mesmos parecem fazê-lo falar o suficiente.

"Em sua maioria", diz, "as próprias federações contaram sua história", e prossegue falando do caráter excepcional dessa literatura, desses documentos sobre um acontecimento que são ao mesmo tempo os monumentos de uma era nova: "Veneráveis monumentos da fraternidade nascente [...] para sempre permanecereis a fim de testemunhar o coração de nossos pais, seus enlevos quando viram pela primeira vez o rosto amado da pátria".[3]

Um novo tipo de documento vem assim presentificar esse acontecimento: a entrada dos anônimos no universo dos seres falantes. Em certo sentido, o documento é idêntico ao próprio acontecimento. Os escritos são por si mesmos o acontecimento do aparecimento da pátria, a constituição de uma memorialidade e de uma historicidade novas. E parece primeiro que basta deixá-los falar: abertura de aspas ou três sinais de teatro anunciando a voz do novo ator histórico, esse povo que o historiador saúda como o verdadeiro ator da revolução. Ora, a narrativa vai se organizar de maneira muito diferente. É o historiador, ao contrário, que vai colocar-se em cena, mostrar-se segurando nas mãos essas narrativas das federações que, segundo ele diz, são bem mais do que narrativas, são cartas de amor à pátria nascente: "Encontrei tudo isso inteiro, ainda quente, ao cabo de sessenta anos, quando abri recentemente esses papéis que pouca gente havia lido".[4]

O historiador parecia primeiro apagar-se para deixar o novo ator falar. Ao contrário, ele é que

---

3 Febvre, Parole, matière première de l'histoire, *Annales d'histoire sociale*, v.4, n.4, p.91.
4 Michelet, op. cit., p.325.

vem para a frente do palco. Vem atestar que realizou um ato singular: abriu o armário dos tesouros e leu esses testemunhos que dormiam esquecidos. E diz o que são: cartas de amor. "Visivelmente, o coração fala." Mas essa visibilidade de uma palavra é somente para ele. O que ele nos mostra é apenas o que ele vê como cartas de amor: não o conteúdo, mas a apresentação: "O detalhe material preocupou-os profundamente; não havia escritura suficientemente bela, não havia papel suficientemente magnífico, sem falar das suntuosas fitas tricolores para juntar os cadernos".[5]

O que designa essas narrativas como cartas de amor não é o que elas dizem. É sabido que as cartas de amor nunca dizem o amor. Os patriotas de aldeia são como os jovens que o amor surpreende ou torna inexperientes. Eles repetem estereótipos, frases de romances, bilhetes açucarados emprestados de outros. Assim, o historiador do novo amor não tem por que citá-los. Mas também não vai reescrevê-los como fez Tácito com a arenga de Percênio. Entre a retórica aristocrática e o real-empirismo, ele vai definir uma terceira via, uma outra maneira de tratar a palavra do outro. Essa terceira via, apropriada para um saber histórico democrático, é aberta a partir de duas operações de aparência modesta em relação a essas "cartas de amor".

Em primeiro lugar, ele nos faz vê-las, isto é, ele se faz ver por nós como aquele que as segura ou segurou em suas mãos, e que pode atestar esse fato pela cor das fitas, a cor do verdadeiro que o rei Filipe II não podia imaginar, confessando-se assim

---

5 Ibid.

inferior ao sentido que o atravessava. Em segundo lugar, ele nos diz o que elas dizem: não o conteúdo, mas a força que as torna escritas, que se exprime nelas. Essa força, que constitui o verdadeiro conteúdo dessas cartas e que elas próprias são incapazes de nos mostrar, o historiador vai mostrá-la colocando-a em cena numa narrativa. Guardando novamente no armário as cartas cujas fitas ele elogia, ele vai substituí-las por uma narrativa, a narrativa da festa: não esta ou aquela festa, neste ou naquele local, mas a festa representada em sua essência, isto é, o campo na época da colheita, o povo todo reunido em torno dos símbolos da vida, do crescimento e da morte: o recém-nascido, flor viva entre as espigas da colheita, que não pode falar, mas faz o juramento cívico pela boca de sua mãe; o ancião, rodeado de crianças e cujo filho é todo o povo, preside as moças, coroa de flores ou "batalhão de vestidos brancos", e uma delas pronuncia "algumas palavras nobres e encantadoras"; nada é dito a respeito delas, a não ser que farão os heróis do amanhã.[6]

Um ancião silencioso, uma criança cuja mãe a faz falar, uma virgem de arenga muda, um público que volta "sonhador": um povo cuja voz é tão baixa quanto a do rei da Espanha. "Ele avança, não age", dizia Michelet, "ele não precisa agir; ele avança, isso é o bastante". Poderíamos dizer do mesmo modo: ele não fala, não precisa falar; ele representa a si mesmo, e isso é o bastante. Substituindo a escritura prolixa dos eruditos de aldeia pelo quadro de um povo silencioso, Michelet inventa uma

---

6 Ibid., p.327.

solução nova para o excesso de palavras, para a revolução papelocrata. Ele inventa a arte de fazer os pobres falarem silenciando-os, de fazê-los falar como mudos. A presunção dos humildes "que teimam em escrever, contar a si mesmos, falar dos outros" é submetida a uma operação muito precisa: o historiador os silencia tornando-os *visíveis*. A narrativa do historiador tem em mãos os autos e descreve suas fitas, o quadro da grande festa familiar no interior do país conjura o tumulto da palavra. Transforma-se o *dito*, sempre já dito, sempre efeito e promotor de anacronismo, em *visível*. E esse visível mostra o sentido que a palavra não conseguia exprimir. A verdade da narrativa funda-se na reserva de sentido das cartas exibidas e guardadas. Mas essa mesma reserva de sentido nos remete aos verdadeiros locutores: não os escritores públicos, os doutos e os pedantes de aldeia que se encarregam de redigir as cartas mais iletradas, mas as forças da vida – do nascimento, do crescimento e da morte –, as forças de um sentido que fala mais diretamente nos quadros reconstituídos do historiador do que nas cartas de amor conscienciosas demais dos pobres.

Não que a palavra dos "pobres" seja vã, ou que seja necessário limpar as palavras de sua inexatidão até o limite em que a página é branca. À asserção real-empirista, Michelet opõe outra: os falantes nunca falam em vão. A palavra deles é sempre cheia de sentido. Eles apenas ignoram esse sentido que os faz falar, que fala neles. O papel do historiador é libertar essa voz. Para isso, ele deve anular a cena em que a palavra dos pobres desdobra seus tons *cegos* para levá-la à cena de sua visibilidade. Ele deve levá-la ao silêncio para a voz muda que se exprime nela fale e para que essa voz torne palpável o verdadeiro corpo ao qual ela pertence. O que é verdadeiro sobre o escritor de aldeia é ainda mais verdadeiro sobre o orador das grandes cidades. O retrato do grande orador e mártir lionês Chalier é a melhor ilustração disso. Desse tribuno, como dos outros heróis da eloquência revolucionária, Michelet não nos dá a mínima frase do menor discurso. Isso seria pôr sua palavra fora da verdade, dentro dessa lógica da *mímesis* em que os oradores revolucionários imitam Tácito imitando Percênio. Dele, ele cita um único texto: seu testamento, sua palavra como morto. É somente como morto que o ator revolucionário fala, deixa passar a voz da vida que se exprime nele. Se não cabe fazer Chalier falar, é porque não é um indivíduo que fala por sua boca. De fato, é o que revela o tom "extraordinário" do pouco que nos resta de seus discursos proféticos:

> Sente-se profundamente que esse profeta, esse bufão, não é um homem. É uma cidade, um mundo que sofre, é a lamentação furiosa de Lyon. A lama profunda das ruas escuras, até então muda, ganhou voz nele. Nele começam a falar as velhas trevas, as úmidas e sujas casas, até então envergonhadas da luz; nele a fome e as vigílias, nele a criança abandonada, nele a mulher maculada; tantas gerações pisadas, humilhadas, sacrificadas despertam agora, erguem-se, cantam de seu túmulo um canto de ameaças e morte... Essas vozes, esse canto, essas ameaças, tudo isso se chama Chalier.[7]

---

7 Ibid., t.2, p.532-3.

A diferença do nome para a palavra, que é a cruz e as delícias dos caçadores de homônimos, encontra aqui sua solução. O paradigma da história republicana tal como Michelet a funda é o de uma sinonímia generalizada. O nome Chalier é sinônimo da voz que passa por ele, sinônimo de todos os lugares e de todas as gerações que ganham voz em suas palavras. O que é verdade para o nome dos oradores também é verdade para as palavras de seus discursos. A lama das ruas, as úmidas e sujas casas é que falam em verdade nas profecias desse Ezequiel lionês. Da mesma forma, as colheitas, as flores e os aromas do campo é que se dizem nas cartas das federações: verdade dos autos que a narrativa manifesta ao tornar os próprios autos semelhantes a sua verdade, ao transformá-los em flor das colheitas. "Esses autos das comunas rurais são flores selvagens que parecem ter brotado do seio das colheitas. Sentimos neles os fortes e vivificantes aromas do campo nesse belo momento de fecundidade. Neles, passeamos entre os trigos maduros."[8]

Devemos dizer que essa evocação campestre, assim como a da lama de Lyon, pertence à pré--história literária da ciência histórica? Isso seria ignorar comodamente o que a literatura quer dizer para melhor ignorar o que a literatura faz aqui por conta da ciência. De fato, a metáfora das flores não é um simples enfeite da narrativa. Ela torna *sensível* o sentido dos autos. E faz isso de maneira bem definida. O jogo das sensações que ela estabelece entre a visão, o olfato e o tato exclui cuidadosamen-

---

8 Ibid., t.1, p.329.

te um sentido, a audição, aquele que se presta à presunção sonora da palavra. A metáfora literária identifica o "conteúdo" das inábeis cartas de amor com o sonho da utopia historiadora: a presença do presente, a presença no presente. Ela instaura as figuras poéticas do discurso historiador que ainda fazem a articulação da narrativa braudeliana. Institui a intercambialidade entre os signos e os privilégios da narrativa e os do discurso. Na verdade, é Michelet que opera a revolução pela qual a narrativa do acontecimento se torna a narrativa de seu sentido. Ele faz isso de maneira exemplar na exibição do historiador, segurando as cartas e se permitindo contar não seu conteúdo, mas o sentido desse conteúdo; de *contar* esse sentido, em vez de produzi-lo como *explicação* do conteúdo das narrativas. O discurso do erudito se faz narrativa ("Encontrei tudo isso inteiro, ainda quente [...]") para que esta possa se fazer discurso, para que seu desenrolar autônomo – esse desenrolar em que, diz Benveniste, "ninguém fala" – possa ter num mesmo registro a evocação do acontecimento passado ("O ancião primeiro preside [...] O amável batalhão marcha em vestidos brancos [...]") e a explicação de seu sentido ("Todos os velhos emblemas empalidecem [...] o verdadeiro símbolo se encontra em outro lugar [...] Esse símbolo para o homem é o homem"), para que ele possa colocá-los no mesmo presente que é aquele do sentido presente no acontecimento ("Tudo isso *hoje* ou empalidece ou desaparece").[9]

A intercambialidade entre a presença do autor em seu discurso e sua ausência na autonomia do

---

9 Ibid., p.324-31.

desenrolar narrativo se concretiza no modo presente no interior desse discurso-narrativa fundador. Michelet é o iniciador dessa revolução no sistema dos tempos que caracteriza a escritura da nova história. Não que ele renuncie aos usos e aos prestígios narrativos do pretérito simples. Mas ele rompe o sistema de oposições que o confrontava ao presente das declarações, comentários ou máximas. Ele o elimina insensivelmente em proveito do presente para marcar a imanência do sentido no acontecimento. A própria narrativa da Festa da Federação apresenta um notável entrecruzamento de tempos. O historiador parece primeiro chamar para si a marcação do passado ("Encontrei tudo isso [...]") para melhor presentificar a festa em sua essência ("Todos os velhos emblemas empalidecem [...] O ancião primeiro preside [...]"). Daí a narrativa se desloca para o pretérito simples para dar suas referências ("Em Saint-Andéol, a honra de prestar juramento [...] foi deferida a dois anciãos"). Volta ao presente para impor a força do acontecimento ("O amável batalhão marcha em vestidos brancos [...]"), tornar familiares os atores ("É que eles têm de trabalhar amanhã [...]") ou extrair lições da história ("Afastam as mulheres da via pública; esquecem-se de que realmente elas têm mais direito a ela do que qualquer outro"). Fixa-se no pretérito imperfeito para dar essência à cena ("E era em pleno campo que isso acontecia [...]"). Enfim, a narrativa abole toda marcação temporal para tornar absoluto, na frase nominal, o sentido do acontecimento ("Nenhum símbolo convencional. Tudo natureza, tudo espírito, tudo verdade").

De fato, *tudo verdade*, em que desapareciam as distinções de tempo, de modo e de pessoa que questionavam a verdade, relativizando o acontecimento ou a posição do narrador. A frase nominal que Michelet tira de seu uso tradicional – a intemporalidade da máxima – para fazê-la pontuar o tempo da história não é um simples efeito de estilo pessoal. Se Lucien Febvre a conservou e a transmitiu devotamente à escola dos *Annales*, é porque ela define uma estrutura poética essencial do novo saber histórico. Ela não é simplesmente o cômodo interconector dos tempos do discurso e dos tempos da narrativa. Ela é, bem mais profundamente, a neutralização da *aparência do passado*. Essa aparência é a cruz do historiador, o que motiva seu recurso desesperado ao "sociólogo contemporâneo". A aparência do passado marca o que é dito de não verdade: incerteza, morte, não essencialidade. A frase nominal elimina essa não verdade. É uma narração sem passado e uma afirmação sem sujeito. Todo indicador de distância, toda marca de suspeita que coloque o acontecimento à distância ou o narrador em perspectiva desaparece nela. Assim, ela é emblemática desse estilo de história que Michelet inventa para conjurar o tumulto do acontecimento da palavra e dar à história o modo de verdade do qual ela é susceptível.

Porque é da verdade que se trata realmente, na medida em que a verdade significa mais do que a exatidão dos fatos e dos números, a confiabilidade das fontes e o rigor das induções, na medida em que ela concerne a modalidade ontológica a que se destina um discurso. Somos suficientemente advertidos disso pela lama das cidades ou pelas flores dos campos que falam no lugar dos tribunos de clube ou dos escritores de aldeia. Elas nos colocam no terreno da verdade tal como o definiram para o pensamento ocidental certas proposições e certas questões de Platão: a condenação da letra morta em nome da palavra viva; a crítica à mentira dos poetas; a questão de saber se existe uma ideia de lama. A essas condenações e a essas aporias, a poética micheletista dá respostas adequadas para oferecer à nova história não simplesmente um método científico, ou mesmo uma respeitabilidade, mas um *status* de verdade. Ele dá à lama não a ideia, com a qual ninguém tem nada que fazer, mas a voz que lhe dá corpo e converte os signos mortos da escritura em verdade viva. E ele faz isso utilizando os meios da poesia para invalidar a não verdade poética.

Para compreender de fato o que significa a troca linguística das formas do discurso e da narrativa, devemos reconhecer que há nela um ajuste de velhas contas da filosofia com a poesia, do pensamento do verdadeiro com a arte mimética. No Livro III da *República*, Platão classificava as diversas formas poéticas segundo seu grau de falsidade. Para ele, essa falsidade era tanto maior quanto mais o poeta escondia sua própria intervenção por trás da imitação de suas personagens. A poesia menos enganadora era aquela em que o poeta mantinha distância de suas personagens, deixava-se ver como o sujeito falante de seu poema; era aquela em que dominava o modo da narrativa, da *diegesis*. A mais enganadora, em compensação, era aquela em que o *eu* do poeta e a instância da narrativa se ausentavam. Então, exemplarmente na cena trágica, triunfava a ilusão da *mímesis*. O poeta fazia como se as palavras inventadas por ele fossem as de Orestes ou de Agamenon, de personagens que se exprimiam em seu nome próprio. Em Platão, essa condenação da *mímesis* trágica acompanha a da democracia. A própria ilusão trágica pertencia ao reino democrático da aparência e da lisonja, aquele em que a arbitrariedade do orador e a do *démos* refletiam uma à outra interminavelmente.

Embora a condenação comum dos poetas e da democracia tenha sido bastante comentada, não se deu atenção suficiente à maneira como ela se modula na oposição da *mímesis* e da *diegesis*, da imitação e da narrativa. A importância dessa modulação é que ela esboça indiretamente as condições de um possível resgate da poesia. Utilizando seus poderes antimiméticos, a narrativa não seria propícia a dar à poesia um regime de verdade? E por que não à democracia? Ora, é justamente esse uso que inventa Michelet, o democrata preocupado em converter a democracia em verdade, em subtraí-la dos prestígios da retórica e da violência da tragédia. Ele utiliza os poderes da narrativa para destruir o sistema da *mímesis*, esse jogo de espelhos das belas-letras e da política no qual Tácito, imitando Percênio, era imitado, por sua vez, por todos os Percênios. A *mímesis* não definia apenas os velhos cânones das belas-letras. Ela era também a arma que eles emprestavam aos latinistas de segunda e aos oradores do povo, o princípio de todos esses povos do teatro que dão aos reis uma má morte: uma morte regicida e não republicana, retórica e não científica. Destruir a primazia da *mímesis* era a exigência comum para que a democracia se separasse do reino da palavra excessiva e para que a história da vida profunda das massas sucedesse à crônica real. É o que faz a narrativa fundadora. Ela faz a "palavra dos pobres" passar de um regime de sentido para outro, aquele em que a voz do povo não é mais a dos oradores. As aspas que dariam a palavra a um povo de teatro que repete os estereótipos do amor da pátria, Michelet as substitui por uma narrativa, a narrativa desse amor que não é dito por nenhuma carta de amor: uma narrativa antimimética. A narrativa subtrai as palavras das vozes da *mímesis* para lhes dar outra voz. Ela põe seu sentido de lado, de reserva, ao abrigo de novas imitações e novos artifícios de linguagem. Fazendo a lama e as colheitas falarem no lugar dos oradores e dos escritores do povo, ela enraíza comumente o reino político do povo e sua história erudita em seu devido lugar. Dá corpo a esse lugar para que a voz desse corpo pacifique o tumulto. Introduz ao mesmo tempo o sujeito da democracia e o objeto da ciência.

A ciência histórica não ganha contra as tentações da *narrativa* e da literatura, ela ganha pelo encadeamento da *mímesis* na narrativa. Ela não ganha apesar dos exageros do romantismo, ela ganha no próprio interior desse movimento chamado romantismo, que significa, em primeiro lugar, o fim do reino mimético e a transformação das regras das belas-letras no interior do incondicionado da literatura.[10] Afirmando-se em seu caráter absoluto, desligando-se da *mímesis* e da divisão dos gêneros, é que a literatura torna possível a história como discurso de verdade. Ela faz isso pela invenção de uma

---

10 A esse respeito, remeto o leitor a Lacoue-Labarthe e Nancy, *L'Absolu littéraire*.

narrativa nova. Garantindo o deslocamento dos tempos e das pessoas para o presente do sentido, essa narrativa se caracteriza bem mais que uma elegância de um estilo. Ela estabelece a maneira de ser que convém tanto ao povo quanto à ciência. A literatura dá *status* de verdade à papelada dos pobres. Suprime e mantém ao mesmo tempo, neutraliza por seus caminhos próprios essa condição que torna possível a história e impossível a ciência histórica: a propriedade infeliz do ser humano de ser um animal literário.

Essa *literariedade* do ator histórico é neutralizada pela dupla narrativa que tira e põe as cartas dentro do quadro daquilo que elas exprimem. Esse dispositivo literário de substituição fornece a resposta à pergunta: como falar em verdade da revolução dos filhos do Livro, como marcar o desvio da papelada dos pobres em relação a sua verdade, sem que esse desvio seja o simples não lugar da palavra confrontado à coisa? A resposta é dada na dupla narrativa que, anulando a carta, transforma-a em reserva de sentido e torna esse sentido visível. De fato, cada uma das duas narrativas define uma posição de saber perante uma ignorância: saber, perante o leitor ou o estudante, do pesquisador que abriu o armário; saber, perante os falantes inábeis, do erudito que guardou as cartas no armário para dizer o que, na prosa deles, exprimia-se sem que eles soubessem. O jogo do oculto e do visível pelo qual a ciência se manifesta como tal instaura-se no desvio dessa dupla ignorância.

Como vimos, existe ciência apenas no que está oculto. E a produção desse *oculto* é uma operação poética essencial para a constituição do saber his-

Os nomes da história

toriador. Resta entendê-lo bem e não ceder ao imaginário populista que nos mostraria o historiador escondendo as cartas e trancando o armário para garantir seu privilégio de erudito, espoliando o povo criador e sofrendo de seu saber e de sua voz. Guardar as cartas de amor, que sempre exprimem mal o que significam, é subtrair não a carne viva do povo, mas, ao contrário, sua ausência de carne. É subtrair a ausência ou a traição que está no cerne da carta de amor mais sincera: a traição que consiste simplesmente no fato de que, por trás das palavras, nunca há apenas palavras, ausência que a literatura, conforme o uso de seus poderes, expõe ou dissimula.

O melhor para entender isso é comparar a narrativa de Michelet a outra prática literária que mostra outras cartas de amor de iletrados à pátria revolucionária. Na série de curtas narrativas que formam a trama de *A cavalaria vermelha*, Isaac Babel insere cartas escritas – supostamente – pelos cossacos de Kuban que viraram soldados da revolução no *front* polonês. O intelectual servindo na Cavalaria Vermelha imita, portanto, as cartas de amor escritas por cossacos verdadeiros para a pátria soviética. Mas é claro que os cossacos de Kuban são incapazes de escrever essas cartas, de dizer seu amor. E sua prosa não consegue fazer mais do que encadear com frases regulamentares os estereótipos do lirismo soviético. Os verdadeiros cossacos, cujo falar empolado o romancista imita, reproduzem por sua vez os editoriais do jornal ao qual enviam suas cartas, *O Cavaleiro Vermelho*. Mas quem pode redigir esses editoriais, senão o intelectual da companhia, o escritor judeu Isaac Babel ou algum outro de seus congêneres? Círculo perfeito da *mímesis* em que se alimenta uma dupla suspeita, literária – quem fala? – e política: quem ama verdadeiramente, e não em palavras, a pátria soviética? Esse amor nunca encontrará meios de se dizer no falar natural dos cossacos. Isaac Babel nunca nos fará sentir o perfume das estepes de Kuban. Por trás das palavras de amor, não há nem lama negra nem aldeia florida. Há apenas a traição e a morte, a morte que vai encontrar os cossacos de Budenny, e que chegará ao traidor Isaac Babel, incapaz de encontrar palavras para descrever e exaltar a vida nova.

É essa traição ou essa ausência que a narrativa micheletista bloqueia. Por mais que Chalier seja um falso lionês, um estrangeiro natural do reino do Piemonte, há por trás de seu nome e de suas palavras tudo que falta ao escritor militante soviético e a seus heróis. Há as neves da Saboia e os caminhos dos peregrinos, há a voz das ruas e das gerações. Guardando as cartas, Michelet guarda a ausência. Ele dá corpo ao povo para a democracia e para a ciência. Sua operação literária fecha a porta à literatura, no sentido em que ela é entendida comumente: à presunção das palavras que são apenas palavras. O jogo da carta escondida garante que as palavras não sejam nunca "nada além de palavras". Não há palavras sem corpo, nomes de nada ou de ninguém. Ao ressentimento infinito contra a ilusão dos homônimos, podemos contrapor o reino geral da sinonímia, uma vez que damos às palavras não seu referente, sempre arriscado, mas a voz pela qual elas têm um corpo. A dupla narrativa garante o objeto da história contra qualquer traição das palavras, pondo em cena uma dupla autoridade: a autoridade do erudito, do

Os nomes da história

homem dos arquivos que se atém à fonte da ciência e transforma a carta sempre enganadora em reserva exata de saber; mas também a autoridade desse parceiro novo que o erudito faz falar, silenciando-o: a *testemunha muda*.

De fato, a substituição da *mímesis* pela narrativa inventa essa personagem cujo testemunho é mudo, essencial para colocar a história na posição de ciência. Em nenhum outro lugar essa invenção é mais bem resumida do que nas poucas linhas, de aparência "retórica", das *Origines du droit français* [Origens do direito francês]. Apresentando o direito a partir do que o romantismo coloca como sua verdadeira origem – não a propriedade, mas a filiação –, Michelet encontra a antiga prática da exposição das crianças: história de crianças abandonadas que lembra não apenas a crueldade do antigo costume, mas também as grandes narrativas fundadoras de nosso pensamento, as histórias de Moisés e Édipo. Ora, Michelet descarta de saída essa crueldade material ou simbólica. Segundo ele, nunca há crianças realmente abandonadas. Toda criança é recolhida na maternidade da natureza: "Refugo do homem, entregue à natureza, a criança era bem recebida no geral. A rude mãe a adotava, cobria-lhe de folhas a cama fria, embalava-a com o vento do norte, alimentava-a com o leite das lobas, com a medula dos leões". Não há crianças abandonadas, portanto. Mas, para nós, o essencial é dito nas frases seguintes, que dão a essa sentença seu equivalente na ordem do sentido: não há dor que não encontre sua voz. Toda palavra perdida é substituída por uma voz que manifesta seu sentido: "Quais eram as lamentações das mães? Somente elas poderiam dizer. As pedras choram por elas. O próprio oceano se como-ve ao ouvir a Dânae de Simônides".[11]

Em duas frases são resumidas as duas operações que definem a revolução do discurso historiador: a reserva da palavra e o deslocamento de seu corpo. Reserva da palavra: somente elas – as mães cuja voz se perdeu – *poderiam* dizer. O futuro do pretérito introduz aqui a figura de uma contrapretérição. Ela é o exato avesso do que é a preterição na tradição retórica: uma *mímesis* inconfessável. A preterição representa pela fraude o que não convém representar: "Eu poderia pedir que pusessem diante de seus olhos / Essa rara e grande proeza de um braço vitorioso".*

Ao contrário dessa apresentação negada, o futuro do pretérito efetua aqui um efeito de subtração: um efeito antirretórico, antimimético. O futuro do pretérito situa a lamentação das mães – essa lamentação que a poesia de fato não deixou de imitar – na ordem do inimitável. A única que poderia dizer a dor está ausente, muda, tão distante de qualquer imitação quanto a constelação de Cão de qualquer animal que ladra. Posto sob o signo do inimitável, o conteúdo da narração recebe dele a marca do verdadeiro. O sujeito que não pode ser imitado torna-se o fiador do verdadeiro, a testemunha de que uma palavra existiu, teve um sentido, doravante mudo, que a fez falar novamente num discurso radicalmente diferente daquele da *mímesis*. A impossibilidade da imitação produz a testemunha muda que

---

11 Michelet, *Œuvres complètes*, t.3, p.607.

* "Je pourrais demander qu'on mît devant vos yeux / Ce rare et grand exploit d'un bras victorieux" (Corneille, *Horace*, Ato 5, Cena 2). (N. T.)

detém a verdade da ciência, que a detém sem poder
dá-la. A figura daquela que falaria – a instância legitimante da narração – torna-se a da testemunha
muda – a instância legitimante do saber.

É preciso simplesmente um deslocamento do
corpo da voz: aquele que fará falar a aldeia do Dauphiné ou a lama de Lyon, mas que aqui se exprime
em seu grau zero: "As pedras choram por elas. O
próprio oceano se comove ao ouvir a Dânae de Simônides". À mãe que seria a única capaz de dizer,
à mãe inimitável, vem fazer eco, isto é, vem substituir, um discurso de quem que não tem o costume de falar, um discurso do lugar e das coisas. As
pedras choram, o oceano se comove. Há um lugar
maternal da palavra que fala pela mãe muda. Há o
oceano que recolhe e faz passar Dânae, seu filho e
sua voz.[12]

São pura literatura essas duas linhas que fazem
chorar pedras de papel e um oceano de poesia?
Como não se impressionar, no entanto, com seu
parentesco com os enunciados sérios de historiadores sérios: "Historiadores, nós o abordamos mal.
Como os embaixadores, ele nos recebe com a mais
fina das delicadezas", ou então: "A morte de Robespierre nos faz passar de Cochin para Tocqueville"?
Se compreendemos de imediato essas frases, na inverossimilhança do que contam e na clareza do que

---

12 Se Michelet fala de oceano e não de mar, não é por deferência
à velha divindade hesiódica. É em sua própria "mitologia"
que o Oceano adquire determinado significado. O Oceano é
o mar na medida em que possui uma voz. "O Oceano é uma
voz [...] Como é o crisol fecundo em que a criação começou
e continua em sua potência, ele tem a sua eloquência viva; é
a vida que fala à vida" (Michelet, *La mer*, p.400-1).

significam, não é por causa do excesso inicial pelo qual Michelet cria o regime particular de sua significância? Esse excesso inicial é o de uma frase que cria para a história um lugar de verdade por meio de uma narrativa – ou um mito – que é ele próprio indeterminável em termos de verdade ou falsidade.

Há, na verdade, três maneiras de tratar o mito. Há a do poeta Simônides. Este recebe da tradição a história de Dânae, que foi enfiada numa caixa por seu pai e entregue às ondas do mar com seu filho, Perseu. Ele se dedica a imitar, nesse quadro, as lamentações de Dânae. Há a maneira dos mitólogos, que interpretam essas histórias míticas e procuram isolar seu núcleo substancial. Este pode ser, à maneira dos alegoristas, uma verdade profunda, escondida sob as roupas da fábula. Ou pode ser, à maneira crítica, a expressão de um sentimento primitivo: tal admiração ou tal terror primeiro da humanidade representados na linguagem original da fabulação. Assim procede, por exemplo, o mestre de Michelet, Vico, quando explica o nascimento de Zeus na imaginação helênica. Ele mostra os gregos arcaicos tomados de estupor e medo diante do fenômeno do relâmpago, e atribuindo sua causa a um deus que eles supõem falar por meio desses sinais.[13]

Ora, Michelet segue uma terceira via. Ele não repete as lamentações de Dânae como os poetas. Não se pergunta, como os mitólogos, o que podiam significar as fábulas gregas sobre os amores de Zeus. A escritura romântica, a que torna possível a nova história, situa-se de saída para além da alternativa clássica da ingenuidade mimética e

---

13 Vico, *Principes de la philosophie de l'histoire*, p.110-1.

da ciência interpretativa. Estas supunham sempre uma exterioridade: a do modelo que é imitado ou do sentido escondido sob a fábula. Já Michelet se instala na continuidade da narração que exclui as duas figuras da exterioridade, a imitação e a interpretação. Não haveria sentido em se perguntar se Michelet acredita na história de Dânae. Nem em se perguntar por que ele inclui em sua demonstração uma história em que ele não acredita. A narração é a liquidação em ato dessas questões. Ela prova por si só, na continuidade que suspende qualquer questão de crença, que não existe exterioridade em relação ao sentido, não existe não sentido. A narração estabelece que não pode existir o não sentido. Ela determina a imanência do sentido – de um mesmo sentido em tudo que se diz. Tudo fala segundo a mesma modalidade: o deslocamento da palavra sonora para a voz da testemunha muda. A narrativa das pedras, ou do oceano, que choram dá à história sua mitologia fundadora. E *mitologia* deve ser entendida fora de qualquer referência panteonesca e de qualquer fantasmagoria de arquétipos. *Mitologia* significa aqui exatamente *narrativa-discurso*, a equivalência da narrativa e do discurso: o *muthos* que é um *lógos*, a narrativa que produz razão, a ciência que se dá na forma da narrativa. O *muthos* primeiro da viagem de Dânae e Perseu é a própria narrativa do *lógos*. É próprio do *lógos*, segundo a etimologia romântica do *legein* grego, recolher: devolver a todo filho sua mãe, a toda dor sua voz, a toda voz seu corpo; conduzir toda palavra, como toda mãe, ao bom porto, na segurança da narração habitada por seu sentido, da narração que não deixa espaço para o não sentido. A literatura deve mostrar esse caráter próprio do *lógos* contra ela mesma. A Dânae de Simônides, o poeta, o mentiroso, são uma ficção. Mas podemos extrair do tecido poético o que Simônides não diz: os gemidos do mar e das pedras. Podemos torná-los verdadeiros, fazê-los passar para o lado da verdade, que é onde as palavras não são mais escritas no papel ou no vento, mas gravadas na textura das coisas. É o lugar de uma expressividade e de uma significância que se opõe às palavras de tagarelas ainda contaminadas pela mentira da *mímesis*. Diz Michelet que se lê melhor a *verdade* no pranto do que nas palavras, na disposição das coisas do que na ordenação dos discursos. Lê-se melhor a verdade onde ninguém procura falar, enganar. A teoria da testemunha muda une dois enunciados que à primeira vista são contraditórios. Em primeiro lugar, tudo fala, não há mutismo, não há palavra perdida. Em segundo lugar, só fala verdadeiramente o que é mudo.

"Guardião da terra, monumento do homem, o túmulo contém uma testemunha muda que falaria, se fosse necessário."[14] Antes de rir da fantasia "necromântica" de Michelet, devemos reconhecer a figura da estrutura lógica que ele imagina: só fala aquele que *falaria*. E, sobretudo, não aquele que *falava*. Somente o futuro do pretérito – o anti-imperfeito – da palavra reservada, da palavra no túmulo, pode fundar o presente sem falsidade da narrativa historiadora. Só fala aquela que é *a única que poderia dizer*. A voz muda do futuro do pretérito é aquela que só pode vir até nós pela pedra tumular ou pelo pranto dos rochedos: uma voz sem papel, um sen-

---

14 Michelet, *Œuvres complètes*, t.3, p.610.

tido inscrito solidamente nas coisas, que se pode ler, que se *poderia* ler sem fim na materialidade dos objetos da vida cotidiana:

> *Deveríamos* poder enumerar aqui todos os sinais mudos pelos quais o homem falou e repetiu esse mistério arrebatador: símbolos do traje que, com uma volúpia casta lembra a confusão de duas existências; símbolos das ocupações domésticas que exprimem a harmoniosa diversidade dos trabalhos; símbolos da casa que prometem a doce sociedade de toda a vida.[15]

Há aqui, sobre o casamento, como antes sobre a filiação ou a morte, mais *páthos* do que suportam nossos ouvidos positivos. Mas são exatamente nossos canteiros de história que são abertos por esses símbolos dos trabalhos e dos dias, essas histórias de parentesco e de casa, de pedras e de morte. E o que é aberto por esse futuro do pretérito que os torna presentes é exatamente a condição de escritura historiadora nova: a ordem simbólica cuja testemunha muda é a guardiã casta ou morta.

Esse mundo das testemunhas mudas que o historiador conduz a uma significância sem mentira é, na verdade, o que a história do nosso século reivindicará como seu domínio: no lugar das cartas dos embaixadores ou da papelada dos pobres, a multiplicidade das palavras que não falam, das mentiras inscritas nas coisas. O excesso "romântico" de Michelet é apenas o excesso da fundação, da ordem simbólica que torna possíveis as decifrações de uma história mais sóbria: decifração desses territórios em que se lerão o caráter, a ação e as limitações da-

---

15 Ibid.

queles que eles produziram e que em troca os transformaram; decifração de todos os monumentos e de todos os rastros daquilo que se chamará civilização material: o mundo dos objetos e das ferramentas, as práticas do cotidiano, os usos do corpo e os comportamentos simbólicos; em resumo, todo o domínio das grandes regularidades da vida material e das lentas mutações da história das mentalidades que Michelet, o pai respeitado e ao mesmo tempo incômodo da nossa história erudita, abriu para ela. Se o nosso século pôde contrapor a solidez desse universo à presunção das cartas, mas também à verborragia romântica do autor de *Histoire de France*, é porque este o marcou inicialmente como o espaço do *tudo fala*, marcou as ondulações do território e a erosão das pedras, os objetos da casa e os gestos da vida cotidiana como cena de um discurso ininterrupto, instituiu testemunhas mudas, portadores de uma inscrição e de uma mensagem. Ele os transformou nas peças soltas de uma configuração de sentido que se constitui por recolagem, de uma configuração simbólica, no sentido original do *sumbolon*: o objeto partido em dois em que os dois pedaços, novamente unidos, dão testemunho da aliança.

A aliança primeira entre todas é a aliança do corpo e da voz, isto é, a aliança, em última instância, da mãe e do filho, da instância materna do sentido e da instância filial e masculina do discurso. É exatamente essa lógica do sentido que é contada pela viagem de Dânae e seu filho. Essa criança que o oceano conduz a bom porto com sua mãe tem um nome famoso na mitologia. É Perseu, o vencedor da Medusa de rosto petrificante, o herói libertador de Andrômeda e sua mãe, o herói libertador da mulher em geral, da maternidade do sentido que o carregou e que depois ele tem de libertar da pedra que a prende. De fato, ao livro das crianças abandonadas, recolhidas e parricidas, Michelet acrescenta uma página singular. Ele põe em cena um irmão caçula de Édipo e Moisés. Se Perseu é enfiado numa caixa com sua mãe, é porque o oráculo predisse a seu avô Acrísio que o filho de sua filha o mataria. Daí as precauções de Acrísio e o que aconteceu em seguida: Dânae trancada na torre, visitada pela chuva de ouro e entregue como castigo às ondas do mar com seu filho. Mas Perseu é um Édipo feliz. Longe de casar-se com sua mãe, ele a livra de um marido indigno. E matará o avô apenas pelo acaso de um acidente de estádio. Assim, o mito de Perseu oferece a versão mais otimista da ferida do sujeito falante: a criança que é recolhida logo depois de abandonada na maternidade da natureza e do sentido e que paga sua dívida libertando a mãe e a natureza mãe que o carregou: a matriz terrestre pela qual há palavra e sentido, apenas com o risco de que esse sentido seja por sua vez recolhido e libertado pela criança que ele carregou.

Sabemos que esse mito poético da história é, para Michelet, indissoluvelmente um mito político. A teoria do símbolo mantém estritamente unidos os três contratos – narrativo, científico e político – do historiador. O que deve suceder às genealogias e aos emblemas da realeza é um pensamento novo da transmissão do sentido e da descendência legítima, uma relação nova entre a filiação dos corpos e a ordem do discurso. Para a política democrática e para a narrativa histórica erudita, Michelet inventa esse pensamento da filiação entre a ordem materna e poética da natureza e a ordem masculina da ciência sóbria e da república do direito. Ele inventa a ordem simbólica em que se deve desdobrar um movimento que é de progresso e ao mesmo tempo de retorno. O homem é seu próprio Prometeu. É a estátua que extrai a si mesma do mármore, o filho que se separa do universo feminino primeiro da natureza e da graça. Mas esse movimento da graça em direção à justiça, do simbolismo primeiro em direção à ordem racional, somente é possível pelo movimento de retorno que restabelece a filiação sempre ameaçada de se perder. O filho deve reconhecer seu elo primeiro, sua dívida com a origem terrestre e materna do sentido comum para melhor transfigurá-lo nos equilíbrios austeros da razão e da justiça. O trabalho do historiador, na república moderna, é o pagamento dessa dívida, o restabelecimento desse elo entre a república do direito e sua terra original. É por isso que ele deve começar retornando à fonte, voltando a ser criança para compreender o sentido no estado de *in-fância*, o sentido não tagarela, inscrito na textura das coisas. É a esse preço que é possível unir a república a seu solo e a seu passado, os doutos e as políticas a seu povo.

Seguramente, estamos longe dessas lendas maternas e desses deveres filiais. Mas a impaciência legítima do historiador sério diante dessas infantilidades pode ser lida ao inverso. A fortuna positiva das ciências sociais é também o que nos resta de uma utopia política perdida. O sonho de Michelet, como o de Comte ou Durkheim, Mauss ou Lucien Febvre, pôde se desvanecer. No entanto, a fábula de Dânae e Perseu representa mais exatamente o novo regime do sentido, a nova ordem simbólica em que a história erudita pode encontrar sua língua e sua sintaxe, entre a crônica morta dos soberanos e a tagarelice invasora dos pobres.

O lugar da palavra

Assim, o tumulto da papelada dos pobres, esse tumulto que invade o tempo perdido e põe a história fora da verdade, para acalmar-se requer uma determinada teoria das relações entre a ordem do discurso e a ordem dos corpos; uma determinada teoria do sujeito falante, das relações entre o sujeito, o saber, a palavra e a morte. Em resumo, ela supõe certa ideia do inconsciente e certa prática da psicanálise.

Essa ideia se deixa representar no mito de Perseu, o irmão caçula, o irmão feliz de Édipo. Mas o Édipo que Michelet conhece é um herói feliz, que não ameaça cometer nem incesto nem parricídio. Ao contrário do herói de Sófocles, a única falta que ele poderia cometer seria falhar ao dever de busca, de não se ocupar mais com seus pais. Seria faltar a sua missão, que é libertar o sentido materno cativo, arrancá-lo de sua petrificação. Não há morte no fim da decifração. O enigma, ao contrário, é apenas a morte que se deve devolver à vida. O historiador é um Édipo. E Édipo é ele próprio um psicanalista, em sentido literal: um libertador das almas. Devemos entender *almas* no sentido antigo: as almas que devem ser libertadas são os habitantes dos Infernos que gemem por sua condição de sombra e suspiram pelo sangue da vida terrestre. Mais feliz do que os viajantes Ulisses ou Eneias, o historiador tem o poder de devolvê-las à vida, porque conhece o segredo de sua morte, o segredo que ele resume num deslocamento ínfimo e decisivo do sentido: as almas mortas dos Infernos são de indivíduos que morreram *cedo demais para saber* o que viveram, que morreram *por não ter sabido suficientemente cedo* o que significa viver, por não ter sabido dizê-lo. Michelet empresta sua pena a eles para que eles mesmos confessem o segredo de sua morte, que é não ter conhecido o enigma da vida:

> Morremos ainda balbuciando. Nossas tristes crônicas são testemunho suficiente. Não havíamos atingido o soberano atributo do homem, a voz distinta, articulada, que é a única que explica, que consola explicando. E, se tivéssemos tido uma voz, teríamos dito a vida? Nós não a soubemos.[1]

"Morremos ainda balbuciando": a suspensão de um gerúndio torna indiscerníveis uma relação temporal e uma relação causal, a vida morre do balbucio da vida, da demora da vida para se saber e se dizer. O tumulto anacrônico das vozes que faz o tumulto da política e do saber reduz-se a esse ana-

---

1 Michelet, *Journal*, t.1, p.378.

cronismo essencial para o destino do ser falante, ao fato de que viver implica não saber o que é a vida, que falar implica não saber o que se diz. O inconsciente é apenas a falta desse saber da vida própria do ser vivo tomado pela palavra. E a morte é apenas outro nome desse não saber. O inconsciente e a morte são duas noções equivalentes, substituíveis uma pela outra. Estar morto é não saber, é estar à espera do saber libertador sobre si mesmo. Acalmar o tumulto das vozes é acalmar a morte, apaziguar a multidão dos que estão mortos por não saber e não saber dizer o que significa viver. Portanto, para libertar as almas – os mortos – dessa ignorância, basta um Édipo psicanalista que lhes diga seu segredo:

> Precisam de um Édipo que lhes explique o seu próprio enigma, cujo sentido eles não alcançaram, que lhes ensine o que queriam dizer suas palavras, seus atos, que eles não compreenderam. Precisam de um Prometeu e que, no fogo que ele roubou, as vozes que flutuavam enregeladas no ar voltem a falar. É preciso mais. É preciso ouvir as palavras que jamais foram ditas [...] é preciso fazer falar os silêncios da história, essas terríveis fermatas em que ela não diz mais nada e que são justamente seus tons mais trágicos. Somente então os mortos se resignarão ao sepulcro. Eles começam a compreender seu destino, a conduzir as dissonâncias a uma harmonia mais suave, a dizer entre eles e em voz baixa as últimas palavras do *Édipo*: πάντως γάρ έχει πάδε κύρος. As sombras se saúdam e se acalmam. Deixam que suas urnas sejam fechadas.[2]

---

2 Ibid. Trata-se do último verso de *Édipo em Colono*: "Pois esta história recebeu sua plena sanção".

Há duas maneiras de ler esse texto do diário de Michelet. Podemos ver nele a marca do tempo e das obsessões de um homem. Nesse caso, reconhecemos nele a criança que se comprazia nos cemitérios, o viúvo que mandou desenterrar o cadáver de sua esposa, o erudito assíduo às dissecações de seus colegas da faculdade de Medicina. Seguimos assim o caminho reto que vai dessa obsessão necrofílica até o privilégio que se arroga o historiador de estar morto, de atravessar e reatravessar "tantas vezes" o rio dos mortos para pagar a dívida da história com os que a lembram: "Nós aceitamos a morte por uma linha tua".[3] Mas podemos também considerar as coisas a contrapelo, a partir dessa linha de escritura suspensa na necessidade do rio atravessado e reatravessado. Nesse caso, a "fantasia necrofílica" aparecerá como o elemento de um dispositivo teórico rigoroso. A identificação da morte com o inconsciente é a inclusão da morte na ciência não como resíduo, mas como condição de possibilidade. A constituição da história em discurso de verdade depende da possibilidade de estabelecer positivamente a dupla ausência que se encontra no centro do afeto histórico. Há história porque houve passado e uma paixão específica pelo passado. E há história porque há uma ausência das coisas nas palavras, do denominado nos nomes. O *status* da história depende do tratamento dessa dupla ausência da "coisa mesma" que não está *mais lá* – que passou – e que nunca esteve lá – porque nunca foi *tal que foi dita*.

---

3 Michelet, Prefácio de 1869 a *Histoire de France*, em *Le Moyen Âge*.

O afeto histórico está ligado à ausência em pessoa daquilo que nomeiam os nomes.

É em relação a essa ausência que se definem as posições do discurso histórico. O revisionismo assimila a condição de possibilidade da história a sua condição de impossibilidade. Ele dramatiza a dupla ausência pela qual há história na figura das palavras assassinas e do regicídio em que desaparece toda proporção das palavras em relação às coisas. Já Michelet faz a equivalência funcionar ao inverso: a condição de impossibilidade da história não é mais do que sua condição de possibilidade. Cada uma das formas da ausência não é nada mais do que a outra. A morte é apenas o não saber do vivo. O logro das palavras é apenas a necessidade transitória da morte. A dupla ausência é dupla reserva de uma presença: de uma vida que se deve ressuscitar e de um saber que se atesta pela própria morte provocada por sua falta. Toda catástrofe da política e do saber se abole nessa equivalência da ignorância e da morte que o historiador – o filho, o sobrevivente – apazigua naturalmente: acrescentando à vida que passou, ignorante de si mesma, o saber – o suplemento de vida – que faltou a sua adição; mas também, ao inverso, dando ao discurso da história a dimensão da ausência e da ocultação que a arranca da platitude da crônica. É preciso o resgate da ausência para separar a história da traição romanesca. Mas é preciso o *contrato* com a ausência, a inclusão da morte para separá-la da velha crônica.

Esse é, de fato, o defeito principal da história cronista. Não é a ciência ou os números que a atemorizam, mas a morte. Ela afirma proceder como ciência e método positivos, rejeitando as "abstrações encarnadas", atendo-se aos sujeitos e aos acontecimentos que documentos indiscutíveis são capazes de atestar. Mas o segredo desse falso rigor é o medo da morte. A história cronista não tem apego fetichista aos fatos e gestos dos reis e de seus embaixadores. Seus defensores são bons republicanos. Aquilo a que ela é apegada é, sobretudo, a continuidade da vida e da instituição que faz suceder um rei ao rei morto e nomear um embaixador no lugar de outro. A história positivista se recusa a enfrentar a ausência de seu objeto, esse "oculto" sem o qual não existe ciência e que não pode se reduzir a um arquivo enfiado numa caixa. Esse "oculto" que Michelet dá à ciência histórica é a vida oculta da morte. Já a história cronista permanece colada a essa vida balbuciante. Resta-lhe então balbuciar como ela ou preencher os buracos que permitem racionalizar seu balbucio. Essa racionalização no "método histórico" de Seignobos tem um nome significativo. Chama-se psicologia. É a "psicologia" que permite ao historiador estender o fio entre os documentos.[4] Mas o que é essa psicologia? É precisamente a "ciência da alma" dos que têm medo da morte, dos que rejeitam a descida libertadora aos Infernos, a identificação da alma com a morte.

Já a demonologia revisionista põe a morte exatamente no centro de seu discurso, mas numa figura bem precisa. Ela se suspende nesse escândalo do

---

4 "A condição para compreender um fato social é imaginar o homem ou o grupo de homens que são seu autor, e poder ligá-lo a um estado psicológico, definido talvez de maneira muito vaga, mas suficientemente conhecido para nos fazer compreendê-lo, esse é o motivo do ato" (Seignobos, *La méthode historique appliquée aux sciences sociales*, p.215).

regicídio que é a morte da legitimidade imputável à falsidade das palavras. Petrifica a morte em cabeça de Medusa e, a partir daí, constitui-se em denúncia interminável da ideologia. Mas a denúncia da ideologia não é ciência. É apenas sua veleidade, que se consome em ressentimento contra as forças enganadoras. O devir-ciência da narrativa histórica está além da alternativa entre a morte esquecida e a morte petrificada. Ele passa por esse confronto "mitológico" que inclui e ao mesmo tempo suprime a morte. A inclusão da morte é a identificação entre o que passou e o inconsciente – o não ainda consciente – que transforma a "falsidade" das palavras e do passado em reserva de presença e saber. A testemunha muda do túmulo é estritamente idêntica ao "oculto" requerido pela ciência. A "voz" do túmulo representa bem, para além de qualquer fantasia necrofílica, uma racionalidade precisa, a da ciência histórica nova. A voz sem lugar dos tagarelas, mortos por não saber o que diziam, é resgatada como voz da testemunha muda, voz legitimada pelo lugar que lhe dá lugar e passagem. O túmulo é a morte resgatada de sua falsidade, a morte na medida em que ela tem seu lugar e dá lugar. A "paixão" do túmulo pode reduzir-se à sobriedade do jogo lógico pelo qual as produções do ser falante são curadas de toda ferida da ausência. Tudo fala, tudo tem um sentido na medida em que toda produção de palavra é atribuível à expressão legítima de um lugar: a terra que molda os homens, o mar em que ocorrem suas trocas, os objetos cotidianos em que se leem suas relações, a pedra que guarda sua marca. A inclusão da morte e a teoria da testemunha muda são uma única e mesma teoria: uma teoria do lugar da palavra.

É nessa definição de um lugar da palavra que se estabelecem um pensamento do túmulo e um pensamento do solo; uma teoria da morte como passagem das vozes e uma teoria do espaço como inscrição do sentido. Sem essa articulação, compreenderíamos mal a dupla preocupação que orienta continuamente as direções de busca da nova história rumo aos territórios aparentemente distantes da geografia e da religião. Como pensar a necessidade que obriga Lucien Febvre a ir de *La terre et l'évolution humaine* a *Rabelais et le problème de l'incroyance*, Marc Bloch de *Caractères originaux de l'histoire rurale française* a *Rois thaumaturges*, ou Emmanuel Le Roy Ladurie de *L'histoire du climat depuis l'an mil* ao estudo do catarismo de Montaillou? Sabemos que Lucien Febvre ressaltou a dívida da nova história com a geografia humana. E honrou essa dívida com uma obra destinada a redimir os geógrafos e seus êmulos historiadores da ofensa de "determinismo geográfico" proferida pela escola sociológica durkheimiana. *La terre et l'évolution humaine* procura traçar uma via média entre o antigeografismo dos sociólogos e os excessos da antropogeografia de Ratzel. Mas esse combate no *front* das causas e das leis, herdado da era cientificista, deixa na sombra o que liga mais profundamente o novo projeto histórico a um paradigma geográfico. A "geografização" da história remonta, de fato, a Michelet e este não visa armar a história de uma teoria das causas. Seu efeito seria sobretudo, ao contrário, permitir-lhe escapar da grande batalha cientificista das leis e das causas. A "base" geográfica que Michelet dá à história, ainda que ela seja uma resposta à teoria das raças, não é a submissão dos fatos históricos a dados geográficos.

É, bem mais profundamente, uma geografização ou uma territorialização do sentido. Não se trata da influência do solo ou do meio. O solo, justamente, não existe sem o túmulo. O solo é inscrição do sentido, o túmulo é passagem das vozes. A "geografia" que a nova história exige é, em primeiro lugar, espaço simbólico que dá aos reis uma boa morte e funda a condição primeira da ciência histórica: que nenhuma palavra fique sem lugar. A história pode ser republicana e erudita por invenção de uma certa psicanálise, de uma libertação das almas que, por sua vez, repousa sobre um certo inconsciente: uma geografia do simbólico. Ela é republicana e erudita pela operação "romântica" de uma territorialização do sentido. Esta reparte o excesso das palavras e a partilha das vozes entre terra e mar, planícies e montanhas, ilhas e penínsulas. A morte republicana do rei efetua-se em Michelet em benefício de um povo sem papelada de pobres, esse povo territorializado que é estabelecido pelo *Tableau de France* [Quadro da França]: um mosaico de homens descendo de tal montanha, saindo de tal mata, lavrando tal campo, refletindo tal céu, ou impregnados de tal bruma. A teoria micheletista do lugar afasta a possibilidade de que qualquer palavra seja vã. Ela veda o não sentido, fazendo de toda produção de palavra a expressão exata de sua causa. Assim, os filhos do Livro não poderiam se perder, porque as frases de todo livro são, em última instância, vozes de corpos territorializados e, ao mesmo tempo, enterrados, de corpos moldados pelo caráter de uma terra. Não se trata de determinismo geológico. As fantasias dos discípulos de Taine mostrarão *a contrario*: qualquer lugar que seja presta-se a engendrar qualquer caráter que seja. Trata-se antes da aplicação de um princípio de expressividade generalizada, de transitividade do escrito para a voz, da voz para o corpo, do corpo para o lugar. Trata-se, em último caso, do jogo de uma única anfibologia: *o lugar é o que dá lugar*. Toda produção de palavra pode se representar como a exata expressão daquilo que lhe dá lugar, de sua própria legitimidade. Assim, o discurso do livro, por mais utópico ou heterodoxo que pareça, é sempre interpretável como uma *doxa*, como a expressão de um *tópos*.

Dito de outra maneira, não há *heresia* possível. E aqui podemos compreender a necessidade que liga o pensamento territorial da nova história à questão da dissidência religiosa. Sabemos que esta figurou entre as principais preocupações dos historiadores da era dos *Annales*: descrença problemática de Rabelais, catarismo dos camponeses e pastores de Montaillou, heresia do moleiro Menocchio, entre tantas outras. E pode nos admirar, em primeiro lugar, que a religião e seus desvios tenham preocupado tanto esses historiadores. Como compreender que, durante dez anos, um Lucien Febvre tenha destrinchado querelazinhas de clérigos, esquecidas em papéis velhos, para afinal estabelecer que Rabelais tinha e só podia ter a religião de seu século? A própria desproporção desse comprometimento apaixonado com a nova escala das grandezas históricas parece indicar o seguinte: a heresia não é um objeto particular da história das mentalidades. Ela coloca, ao contrário, a questão da própria possibilidade dessa história. A história das mentalidades é possível na medida em que a heresia é reposta em seu lugar, atribuída a seu tempo e lugar. Porque a heresia é a própria essência do que manifestam a papelada dos pobres e a revolução dos filhos do Livro. É o excesso de palavra, a violência que vem pelo livro, a propósito do livro. Se a heresia divide o corpo social por questões de palavras, é porque ela é, em primeiro lugar, o próprio tumulto do ser falante: o tumulto da vida tomada pela escritura, da vida que se separa dela própria, volta-se contra ela própria por causa da escritura. A heresia é a vida do sentido na medida em que ela resiste a todo jogo da natureza e de sua simbolização, está sempre às voltas com esse excesso ou essa falta que Michel de Certeau analisa de maneira exemplar em *La fable mystique* [A fábula mística]: de um lado, o excesso da palavra que não encontra seu lugar e é ilustrado pelo destino errático do padre Labadie, que foi jesuíta, calvinista, pietista, quiliasta e finalmente – etapa fatal da homonímia – labadista; de outro lado, a falta radical de uma vida que se tornou muda pela observância da Escritura e é exemplificada pela "louca" do mosteiro de Tabennesi, a sem-nome que desaparece assim que é reconhecida.

> Por não estar jamais onde se poderia dizê-la, a louca falsificou o contrato garantido pela instituição [...] Finalmente, nenhum contrato, seja o primeiro ou o último de todos, o da linguagem, é honrado por ela. Repetindo nossas palavras e nossas histórias, ela insinua a mentira delas. Talvez, enquanto o *sym-bolos* é ficção produtora de união, ela seja *dia-bolos*, dissuasão do simbólico pelo inominável dessa coisa.[5]

---

5 Certeau, *La fable mystique*, p.58.

Esse é o desafio da heresia para a história. A heresia é *separação*, segundo sua etimologia, mas num sentido preciso: ela é, em sentido estrito, *dia-bólica*: *sumbolon* quebrado que não se cola mais, pedaço de metal ou de língua que não se junta mais a nenhum outro, filho sem mãe, voz separada do corpo, corpo separado do lugar. O tagarela não tem lugar que o recolha, a testemunha muda não fala. A instância do diabólico não permite a troca dos corpos que faz o lugar de verdade falar no lugar dos tagarelas inconscientes. Mais vale dizer que ela não permite uma história das mentalidades. Esta, para ser possível, deve acertar suas contas com o diabo. Deve dar-lhe lugar, ligá-lo ao seu lugar. E, para isso, deve reinterpretar radicalmente a diferença herética, suprimir esse fora de lugar que se identifica com o não sentido. O princípio dessa reinterpretação é simples. Ela reduz o diabólico ao simbólico menosprezado. Ela transforma a separação herética em simples diferença entre dois lugares.

Aqui também, Michelet é o estrito iniciador da revolução que funda uma história das mentalidades. O "mais inatacável" de seus livros, aquele que ele matutou durante os vinte anos de redação de sua *Histoire de France*, *A feiticeira*, dá a fórmula exata dessa revolução. Trata-se de transformar o diabo, uma "oca entidade", numa realidade viva e significativa, dar-lhe seu nome verdadeiro, com sua carne viva. Para isso, é necessário, segundo a lógica "filial" da ordem simbólica, dar-lhe uma mãe. O verdadeiro nome do diabo é Satã, filho dessa "realidade quente e viva" que é estigmatizada com o nome de feiticeira pelos homens do Livro. O "diabo" é uma criatura de papel, inventada pelos servos e pelos imitadores estéreis do verbo para desencarnar, para demonizar Satã, o filho das fidelidades e dos sonhos da feiticeira. E a própria feiticeira é apenas a mulher, a guardiã primeira da aliança simbólica do corpo e do lugar, a serva fiel dos espíritos da terra e das divindades do lar. A "feiticeira" é apenas "o crime da Igreja",[6] a mulher menosprezada em sua função de guardiã do simbolismo doméstico e terreno pelo governo dos homens, dos adoradores do livro morto. É o gênio do lugar e do lar, desse culto terrestre negado pelos contemptores do mundo. Satã é o filho, a realidade viva de sua imaginação, o substituto das divindades do lugar proscritas pela Igreja, mas indefectivelmente vivas "no mais íntimo dos hábitos domésticos",[7] no centro do lar, do leito e do berço. É a alma proscrita de sua morada, do lugar da transmissão, da filiação dos corpos e do sentido. O diabólico é a simbolicidade negada, proibida, da natureza-mãe, do lugar que dá lugar. Somente há diabólico, interrupção ou desmoronamento do sentido pela operação dos homens do Livro, dos filhos que se esqueceram de sua mãe.

Michelet fixa a condição de uma história das mentalidades: toda feitiçaria ou toda heresia, toda fantasia ou todo silêncio se deixa reconduzir ao seu lugar, analisar como produto de uma mesma força expressiva. A aberração do outro nunca é mais do que sua força menosprezada. O anacronismo e o não sentido são sem lugar. O diabo é, em sentido estrito, domesticado: atribuído a um *domus*, transformado em cúmplice familiar do historiador. Graças

---

6 Michelet, *La sorcière*, p.27.

7 Ibid., p.139.

ao excesso micheletista, o historiador erudito do nosso século poderá lançar um olhar de troça sobre suas peregrinações controladas: "O Diabo viaja seguramente por todos os países da Europa enquanto finda o século XVI e, mais ainda, durante as primeiras décadas do século seguinte; pelas passagens elevadas dos Pireneus, parece-me até que ele se abre as portas da Espanha". O Diabo sai apaziguado do fogo de Michelet, torna-se uma produção cultural cujas etapas e deslocamentos são referíveis a diferenças de lugares e tempos: "Mas deixemos o imenso tema. Neste momento, somente nos interessa o problema de uma disparidade, de um retardo em detrimento dos universos montanhosos".[8]

Uma disparidade de um lugar em relação a outro. Um retardo de um tempo em relação a outro, eis a que se pode reduzir "o imenso tema", o tumulto da vida tomada pela palavra. Eis a que se reduzem as dívidas de sangue da diferença religiosa: "Tudo questão de religião, consequência de um feixe cerrado de crenças e hábitos, heranças diversas, ou mesmo de hábitos culinários".[9] Para o robusto indiferentismo religioso de Braudel, o choque entre a realeza catolicíssima e os judeus da Espanha pode abrir mão de qualquer referência ao Livro e ao povo do Livro. Ele se deixa representar suficientemente bem no combate entre a cozinha do toucinho e a cozinha do azeite, no qual a expulsão dos judeus é compensada pela naturalização de sua cozinha num movimento de atração e repulsão constitu-

---

8 Braudel, *La Méditerranée et le monde méditerranéen à l'époque de Philippe II*, 2.ed., t.1, p.33-4.

9 Ibid., t.2, p.139.

Os nomes da história

tivo de qualquer civilização. E essa necessidade de "separar-se de si mesma", própria de uma civilização, compreende-se, em última instância, segundo o modelo dos movimentos geológicos: "Uma Espanha cristã está terminando, a geleira empurrada por seu peso quebra as árvores e as casas que encontra pela frente".[10] A brutalidade dessa determinação geológica no cerne das sutilezas múltiplas da história deixa entrever o desafio da questão: por trás do projeto explícito dessas páginas, que é temperar o processo demasiado fácil de antissemitismo contra a monarquia espanhola, existe a preocupação de limpar o terreno da história das irregularidades da guerra religiosa. O historiador das economias-mundo aposta sem nuances no próprio e no figurado do determinismo geológico do mesmo modo como apostou antes no "peso dos números" no limite do círculo vicioso – a pressão demográfica explica a expulsão dos judeus e serve para provar essa pressão.[11] Mas, em última análise, é sempre uma teoria do gênio do lugar que o historiador das mentalidades mais atento deve utilizar para explicar a guerra da escritura que assola as sociedades de seres falantes.

Consideramos, por exemplo, esta singular controvérsia teológica que se debate em 1318 nas altas regiões do Ariège:

> Naquele ano – conta Bertrand Cordier, natural de Pamiers –, encontrei, do outro lado da ponte sobre o território da paróquia de Quié, quatro moradores

---

10 Ibid., p.154.
11 Ibid., 1.ed., p.357.

de Tarascon, dos quais Arnaud de Savignan. Eles me perguntaram:

– Quais são as novidades em Pamiers?

– Andam dizendo (entre outras coisas)... que o Anticristo nasceu – respondi. Todos devem pôr a alma em ordem; o fim do mundo se aproxima!

A isso Arnaud de Savignan interpôs:

– Eu não acredito! O mundo não tem nem começo nem fim... Vamos dormir.[12]

Um acontecimento de palavra, como nunca houve: diante do tribunal dos juízes vingadores da infidelidade à Escritura, uma testemunha vem reportar no passado o que se dizia de novidade em Pamiers em 1318 – a vinda próxima do Anticristo e o que objetou nesse dia, antes de ir deitar-se, um maçom de Tarascon. Como explicar esse acontecimento da palavra? Como explicar a extravagância desse maçom, que afirma negligentemente a eternidade do mundo? A resposta do historiador é simplesmente seguir a inclinação dessa negligência, a inclinação da familiaridade que conduz todo excesso de palavra para seu lugar natural, para o lugar que dá corpo a sua voz. A heresia do maçom de Tarascon não é uma sutileza teológica, é apenas a expressão de um ceticismo montanhês em relação ao milenarismo das cidades agitadas, onde as pessoas acreditam no acontecimento. Ele próprio não cita, para confirmar suas audácias teológicas, um provérbio malicioso de sua terra natal: "Todo tempo e todo tempo será que homem com mulher de outro deitará"? A eternidade do mundo não é uma questão de teologia.

---

12 Le Roy Ladurie, *Montaillou, village occitan*, p.524-5.

Os nomes da história

Ela se deixa afirmar no mesmo modo de sabedoria popular que a perenidade do adultério faz parte daquilo que se diz nas montanhas do Sabbarthès. Exprime a visão espontânea desses homens das montanhas que vivem longe dos dogmas rigorosos e das ideias cambiantes das cidades: "O Sabbarthès, recolhido num arcaísmo [...] de vanguarda, mostra-se pouco permeável às correntes novas (ou até desviantes) da sensibilidade católica".[13] A montanha, por necessidade natural, está próxima de seu céu, mais antigo e mais jovem do que o céu da cidade ou do dogma. E não há contradição entre esse ceticismo e o sucesso do catarismo. A razão que torna os montanheses do Sabbarthès céticos é a mesma que alimenta a fé cátara em Montaillou. É a fé do camponês que só consegue imaginar outro mundo semelhante ao seu, rejeitando o paraíso dos teólogos e as sutilezas da ressurreição da carne em favor de um paraíso estruturado como o *domus camponês*, animado pelo calor do *ostal*. E é ainda o senso prático dos camponeses de Montaillou que os faz abraçar a doutrina desses *puros* que chamam para si a estrita observância dos mandamentos da religião purificada e permitem que eles continuem seu modo de vida laxista até o dia do *consolamentum*. Assim, a heresia se deixa pensar segundo a exata adequação do sentido e do lugar. Ela é a identidade de um território separado: *identidade* de um universo camponês espontaneamente pagão (*paganus*, como sabemos, quer dizer um e outro), fiel como a feiticeira de Michelet às divindades antigas e eternamente jovens do lar, da terra e da fecundidade; *separação* de um

---

13 Ibid., p.526.

mundo montanhês que não se preocupa com a doutrina das cidades, até o dia em que esta última começa a se preocupar com ele.

Pois naquilo que denominamos realidade histórica, é claro, esse face a face distante da ortodoxia e da heterodoxia adquiriu a forma do implacável face a face da inquisição e da heresia. E a sombra das cruzes amarelas vem se estender sobre a descrição viva da sociedade aldeã. Então, a explicação maliciosa das vantagens do *consolamentum*, em que o senso etnológico do historiador simpatizava no presente com o senso prático do camponês de sempre, fixa-se na solenidade de uma saudação aos mortos.

Seríamos tentados a dizer que Montaillou encontrou a solução do problema clássico: como ganhar o céu sem se cansar? Mas a escolha que a aldeia fez sob as cruzes amarelas era tão cheia de repressão inquisitorial, corajosamente assumida pelas vítimas, que seria indecente apresentar a questão nesses termos humorísticos.[14]

Seríamos tentados... seria indecente... Aqui também a preterição não é uma simples questão de retórica. O que ela opera é um curto-circuito entre dois estados da palavra, duas capturas do ser falante pela escritura. Há aquilo que o documento dos inquisidores revela à sagacidade do historiador, armado dos métodos da etnologia e da sociologia da aldeia: testemunhos que permitem reconstituir uma rede de relações sociais e seu húmus sensível, uma maneira de habitar ao mesmo tempo uma

---

14 Ibid., p.541.

linguagem e uma terra, um sabor das palavras, uma voz do lugar. E há aquilo que o documento não diz, aquilo que ele se contenta em ser: o acontecimento da inquisição, essa morte como preço do desvio da Escritura que rompe ao mesmo tempo a quietude dos costumes aldeões e a quietude de sua interpretação. É claro que o historiador avalia a sua maneira essa relação do dito com o não dito. Emmanuel Le Roy Ladurie sabe que é por causa da "má sorte" dos aldeões que ele tem a "sorte" de explorar um material excepcional para reconstituir a vida dos "camponeses de carne e osso" de Montaillou.[15] Ele sabe, consequentemente, o que pode e não pode ser dito sobre essa palavra "dada" aos aldeões pelo inquisidor. E ele suspende a interpretação maliciosa do "céu barato" dos aldeões cátaros quando parece que essa interpretação joga um jogo indecente com a morte. Mas devemos entender bem a função dessa suspensão. Poderíamos pensar que se trata apenas de uma delicadeza. De fato, logo que os mortos são saudados, a explicação retoma o fio da mesma lógica e do mesmo tom jovial ("Poderão manter, portanto, o velho, encantador e laxista modo de vida sabbarthesiano"[16]). No entanto, não se trata simplesmente de saudar de passagem os mortos. Trata-se, em termos micheletistas, de reconduzi-los ao túmulo, de separá-los dos vivos, de enterrar os heréticos atingidos de morte para fazer reviver os camponeses de Montaillou.

A suspensão da interpretação separa a sociologia aldeã do destino de morte trazido pela inqui-

---

15 Ibid., p.9.
16 Ibid., p.541.

sição. Na separação assim assegurada entre a vida naturalmente desviante da aldeia e a morte inquisitorial, apenas uma coisa desaparece, cai fora do campo: o impensável, a própria heresia. Seria errado dizer que o historiador não quer conhecer a inquisição. O que ele não quer conhecer é a heresia: a vida desviada do verbo, desviada pelo verbo. Seria fútil acusá-lo de fazer uma interpretação redutora da heresia. Seu propósito, precisamente, não é interpretar a heresia, "dar uma lista exaustiva das teologias albigenses", mas "indicar de passagem como essas teologias ganharam carne na profundidade do social, no coração de uma aldeia".[17] Seu objeto não é a heresia, é a aldeia que lhe dá lugar. Mas dar lugar à heresia é suprimi-la como tal, é enterrá-la territorializando-a. O inquisidor suprime a heresia erradicando-a: ele a marca, põe à sombra, mata. O historiador, ao contrário, suprime a heresia enraizando-a. De certo modo, ele a subtrai retrospectivamente da vindita inquisitorial dando-lhe a cor da terra e das pedras, tornando-a indistinguível de seu lugar.

Assim se precisa a relação fundamental da história das mentalidades com a heresia. O historiador das mentalidades não descobre a heresia como uma seção particular de seu território. Ele a descobre como a identidade da condição de possibilidade e da condição de impossibilidade desse território. Era preciso que houvesse heresia para que fosse escrito o que não tinha razão nenhuma de ser: a vida de uma aldeia do Ariège no século XIV. É preciso que ela desapareça para que essa vida se reescreva

17 Ibid., p.344.

no presente de uma história das mentalidades. Há matéria para uma história das mentalidades *na medida em que há heresia*, produção de uma palavra sem lugar, destinada à morte. Há história das mentalidades *na medida em que não há heresia*, na medida em que não há palavra que não seja a expressão da vida de um lugar, na medida em que não há céu que não seja a representação de uma terra. A identidade da condição de possibilidade e da condição de impossibilidade funciona positivamente pela operação que reconduz os mortos ao túmulo. A operação deve ser sempre repetida para que a aldeia de 1318 de Ariège, assim como a aldeia de julho de 1790 de Dauphiné, comece a falar, para que o historiador se torne um "contemporâneo" dessa palavra, um etnólogo do passado. O destino da narrativa-discurso histórica é suspenso na interpretação de dois acontecimentos, de duas relações extremas do ser falante com a morte: o regicídio e a inquisição. O regicídio é a morte não resgatável, a legitimidade que desmorona no tumulto das vozes, no qual não se ouve nenhum mudo, apenas tagarelas. Essa morte sem resgate estabelece o ressentimento real-empirista contra as palavras até o limite "revisionista" do rompimento do contrato historiador. A morte inquisitorial, ao contrário, é a morte resgatável que faz os mudos e os silêncios da história falarem. É por isso que a "psicanálise" da feiticeira é o desvio necessário para a fundação de uma história republicana, de uma história livre da cabeça de Medusa do rei.

O Édipo historiador não pode deixar de ser um "necrófilo", se quiser devolver o sangue da vida às almas mortas. É por essa psicanálise dos mortos que a história, enlouquecendo as bússolas cientificistas, alcança sua dignidade de ciência continuando a ser uma história. É a morte serenada que dá a ela o terreno onde pode se tornar etnóloga do passado. Mas é também a operação contínua da recondução dos mortos que a impede de desaparecer em sua vitória, de não ser mais do que uma etnologia ou uma sociologia do passado. A diferença própria da história é a morte, é o poder de morte que se liga somente às propriedades do ser falante, é o tumulto que esse poder introduz em todo saber positivo. O historiador não pode deixar de apagar a linha de morte, mas também não pode deixar de retraçá-la. A história tem vida própria nessa pulsação alternada da morte e do saber. Ela é a ciência singular que somente é tal apostando em sua condição de impossibilidade, transformando-a incessantemente em condição de possibilidade, mas também marcando de novo, por mais furtiva e pudicamente que seja, o traço do impossível.

O espaço do livro

A *geo-história* dos espaços-tempos da vida material e a *etno-história* das mentalidades elaboram-se em torno de uma mesma tensão essencial, em que o acontecimento da palavra tende a desaparecer em sua territorialização, até o ponto em que a história, para ela própria não desaparecer, deve refazer o traço de união apagado. Refazer esse traço que devolve à história o que lhe é próprio é marcar de novo a linha de sentido e de morte: a linha da historialidade e da literariedade sem a qual não haveria motivos para escrever a história. Assim se ordenam, em torno da heresia negada, os jogos de sentido entre o lugar vivo e a palavra de morte; mas talvez também, mais secretamente, os jogos da terra e do mar em torno da fábula do rei morto.

Voltemos à narrativa alegórica da morte acontecimental [*événementielle*] e da destituição conceitual do rei para compreendê-la. Sem dúvida, temos mais condições de compreender o sentido dessa destituição: por que e como a herança da "força de história" do rei deve ser subtraída do povo de papel que atravanca sua escrivaninha. Na linha da revolução micheletista, esse povo de tagarelas é substituído pelo quadro de um povo saído da diversidade dos solos que lhe dão lugar: não mais o povo-nação do *Tableau de France*, mas um povo-mundo: o mosaico que compõem, em sua aparente disparidade, os territórios e a diferença das temporalidades, o carroceiro castelhano e o banqueiro de Augsburgo, o nômade da Arábia ou da Caucásia e o armador veneziano, o plantador de Chipre, o marinheiro de Ragusa e o vendedor de água galego de Madri. Mas essa territorialização do povo de papel não esgota de modo algum o significado do acontecimento teórico que significa a morte do rei: o deslocamento da força de história do rei, de sua capacidade de ser centro e organizador da história, para esse sujeito novo chamado Mediterrâneo.

Retomemos, então, as últimas linhas do capítulo:

> Não creio que a palavra Mediterrâneo tenha flutuado alguma vez em seu espírito com o conteúdo que lhe damos ou tenha feito surgir nossas imagens habituais de luz e água azul; nem que tenha significado um lote específico de grandes problemas ou o quadro de uma política claramente concebida. Uma verdadeira geografia não fazia parte da educação dos príncipes. Razão suficiente para que essa longa agonia, que terminou em setembro de 1598, não seja um grande acontecimento da história do mundo mediterrânico. Para que se marquem de novo as distâncias da história acontecimental [*événementielle*] em

relação à história das estruturas e, mais ainda, dos espaços...[1]

Uma verdadeira geografia? O que isso significa exatamente? E como essa verdadeira geografia se harmoniza com essas imagens de luz e água azul que o próprio Braudel se compraz tão frequentemente em contrariar? O que significa esse "mais ainda" que não se contenta em reatravessar a arquitetura do livro, mas parece dar aos espaços a coroa vacante que as estruturas pareciam requerer? E as reticências que concluem o parágrafo e o capítulo? Certamente não estão isoladas no Mediterrâneo. Sua repetição em eco em cada parágrafo da narrativa da morte do rei e o suspense que carregam até o extremo limite do livro dramatizam singularmente o papel narrativo e teórico que elas desempenham ao longo do livro: o movimento imitado de uma partida marítima rumo a um destino sempre arriscado: de um argumento rumo a sua conclusão, de um caso rumo a sua possível generalização, de uma anedota rumo às lições que se pode tirar delas, de uma conjectura rumo ao lugar problemático de sua verificação, em resumo, de um ponto de certeza rumo a um espaço de perguntas. Mas, imitando o movimento dessa busca "em que nos perdemos com delícias", a frase também dá ritmo ao desenvolvimento problemático do conceito de espaço, sua diferença em relação a si mesmo que sobrepõe ou emaranha vários mediterrâneos.

---

1 Braudel, *La Méditerranée et le monde méditerranéen à l'époque de Philippe II*, p.1087.

Essa multiplicidade é diferente daquela que o próprio Braudel define sublinhando a pluralidade constitutiva do espaço mediterrânico: pluralidade geográfica desse complexo de mares reunidos sob o nome Mediterrâneo; diferença do Mediterrâneo dos geógrafos para o Mediterrâneo dos historiadores, seguindo todas as vias segundo as quais se constitui e se difunde a atividade humana que faz o Mediterrâneo e que é feita por ele; pluralidade das temporalidades que separa ou mistura o mar imóvel das atividades tradicionais, o espaço de percurso dos navios mercantes e o campo das grandes batalhas navais. A questão, aqui, não diz respeito a essa multiplicidade. Diz respeito ao tipo de unidade que lhe dá sentido. De fato, é essa unidade que se multiplica, faz aparecer várias maneiras de unir o conceito de mar a sua experiência vivida ou sua empiricidade a sua função metafórica; vários espaços simbólicos que configuram diferentemente a relação entre estrutura e espaço no qual se dá a sucessão real, e dão um sentido e um poder diferentes à própria noção de espaço.

De fato, como pensar esse mar ausente do olhar do rei e por isso mesmo chamado a substituí-lo como força de história? "[...] nossas habituais imagens de luz e água azul." Mas é um mar decididamente terrestre que Braudel nos convida de forma incessante a considerar: um mar de planícies líquidas, de bacias isoladas, em que o tráfego continua colado ao litoral, um tráfego marcado pela raridade dos marinheiros e dos pescadores e até da "grande escassez" de madeira para os navios;[2] um

---

2 Ibid., p.300.

Mediterrâneo que se apaga constantemente entre sua origem próxima, a montanha que provavelmente o criou[3] e seus prolongamentos distantes: desertos da África, estepes da Ásia Central, planícies flamengas e rios que correm para o mar Báltico ou o mar do Norte. E, sem dúvida, esse se apagar condiz com o propósito do historiador, já patente na metáfora que identifica classicamente o movimento das ondas com o tumulto do saber. Não devemos encontrar, "através das águas turvas do tempo, apesar das águas turvas",[4] pontos de apoio, uma terra firme? Não devemos do mesmo modo nos desviar das aparências moventes do mar e buscar as grandes regularidades terrestres que definem a unidade funcional do espaço mediterrânico? A unidade do Mediterrâneo, o princípio de interioridade que o transforma em sujeito de história, é a de um sistema e uma rede de atividades. Mas como pensar essa rede que dá personalidade ao mar interior? Se o mar da história é o que fazem os homens e não a simples natureza, a partir de que força unificadora, de que atividade dominante, a unidade humana do Mediterrâneo deve ser pensada?

A resposta pode parecer evidente: a atividade que unifica um espaço é a que relaciona as partes separadas, é a troca. E o polo organizador dessa unidade é o dos lugares organizadores dessa troca: os espaços urbanos. Assim, a primeira edição de *O Mediterrâneo e o mundo mediterrânico na época de Filipe II* destaca "o lugar persistente das cidades na história do mar": "Tudo leva a elas, tudo tem a marca de sua

---

3 Ibid., 2.ed., t.1, p.46.
4 Ibid., l.ed., p.246.

presença e de sua força. Elas comandam um mar que é essencialmente um espaço de trânsito. Elas são e continuam a ser no Mediterrâneo as verdadeiras pátrias".[5] Convencido pela lógica da demonstração, o leitor, apesar de tudo, admira-se que as cidades que vêm ilustrar isso, ao sabor da anedota ou da referência literária, sejam Valladolid, Vicenza e Viterbo. A escolha dessas cidades mediocremente marítimas bastará para indicar que a relação privilegiada do mar com a cidade é uma metáfora para uma afirmação mais fundamental: a unidade do mar é a de um universo de circulação mercantil.

Essa afirmação, como se sabe, é duramente criticada na segunda edição da obra. A pretensa primazia das cidades é colocada na categoria daqueles prestígios luminosos que, semelhantes nesse sentido aos efêmeros fogos de artifício do acontecimento, ofuscam o observador apressado. A essa visão ofuscada opõe-se uma evidência: "O Mediterrâneo do século XVI é por prioridade um universo de camponeses, meeiros, proprietários de terra [...] A colheita é o grande negócio, o resto é uma superestrutura, fruto de uma acumulação, de um abusivo desvio para as cidades".[6] O coração da atividade mediterrânica não é mais o movimento vivo da troca, mas a rotina do universo camponês. Seu ritmo fundamental não é mais o das estruturas produtoras de uma dinâmica econômica, é o dos espaços de imobilidade e repetição. Mas então como pensar a unidade desses espaços num espaço? Como pensar o movimento a partir dessas imobilidades justapostas? Brau-

5 Ibid., p.292.
6 Ibid., 2.ed., t.2, p.517.

del inverte o argumento, é verdade: precisamente "uma nova história econômica deve ser construída a partir desses movimentos e dessas imobilidades que a vida enfrenta indefinidamente".[7] Mas a resposta nos coloca no cerne do problema: como compreender a ligação privilegiada desse "novo" com o universo das permanências e das imobilidades, da história nova com as forças que resistem à aventura da grande história?

A questão da unidade mediterrânica pode ser colocada da seguinte maneira: como pensar a relação entre os ritmos da história e as condições da inteligibilidade histórica? O recorte da história em níveis é feito segundo dois grandes critérios de diferenciação: a aceleração das velocidades e a complexificação dos sistemas de relação. Mas como esses critérios se traduzem em critérios de inteligibilidade? Que relação há entre a racionalização acelerada das trocas humanas e a racionalidade própria do discurso historiador? Analisada de perto, a resposta à pergunta é singularmente ambígua. A "nova história econômica" deve pôr em comunicação dois esquemas de tripartição dos níveis da história que envolvem dois "sentidos da história" exatamente opostos.

O primeiro esquema é o do desenvolvimento e do progresso que vai das atividades mais simples aos sistemas de atividades mais complexos e da maior lentidão à maior velocidade. Esse é o esquema apresentado em *Civilização material e capitalismo*. Embaixo, o mundo da repetição, das "soluções vindas da noite dos tempos", do encerramento estreito

---

7 Ibid., p.518.

num círculo de possibilidades quase imutáveis; o tempo dos vencidos, dos "homens pouco lúcidos", material e intelectualmente incapazes de elevar-se para superar esses limites estreitos do possível. Em cima, o tempo "vivo e eloquente" das trocas sobre o qual vai se construir um terceiro tempo, o tempo dos vencedores, do capitalismo gerador de um mercado e de uma história na escala do mundo.[8] Esse movimento do mais atrasado para o mais avançado, do mais lento para o mais vivo, do mais simples e mais obtuso para o mais complexo e mais racionalmente organizado, condiz com a teleologia espontânea da modernidade. Mas também define um modelo de racionalidade científica segundo o qual a anatomia do homem é "a chave da anatomia do macaco". Esse modelo de racionalidade das grandes declarações marxistas é também o dos inspiradores mais diretos da revolução dos *Annales*. Ele caracteriza a sociologia de Halbwachs ou a história econômica de Simiand. Essa racionalidade do saber social propõe certa substituição da legitimidade real defunta: no lugar do soberano incapaz de pensar o Mediterrâneo, os mestres do grande jogo mundial das trocas, percorrendo terras e mares; no lugar do cronista, os pesquisadores sociais contemporâneos dessa nova maestria, aqueles aos quais o estudo da racionalidade complexa das sociedades e dos mercados contemporâneos dá a inteligência das formas menos desenvolvidas de atividade e de relações. Sabemos da importância dessa racionalidade triunfante do economista rei e do sociólogo erudito para o projeto da nova história. Mas também sabe-

---

8 Braudel, *Civilisation matérielle et capitalisme*, p.9-12.

mos a que sua lógica, levada ao extremo, conduzirá a história: a um papel subalterno de explicação dos fenômenos residuais.

Esse canto da sereia do saber social é a sedução a que a história teve de resistir para fugir da escravidão ou da morte. E é a partir dessa alternativa que devemos compreender o outro grande esquema tripartite, o outro "sentido da história" que preside à definição e à escritura do Mediterrâneo como *sujeito* de história. Os dois primeiros patamares apresentam de novo, acima do tempo longo das atividades repetitivas, o tempo das economias mercantis e das estruturas – políticas, sociais e culturais – que dão lugar a elas e se transformam com elas. Mas, no terceiro patamar, a relação de aceleração das velocidades com a racionalização crescente se inverte. O mar da maior velocidade é o das batalhas e dos acontecimentos, esses acontecimentos que "atravessam a história como breves clarões" e, mal surgem, desaparecem como as luzes fosforescentes da noite baiana, na noite que eles ilusoriamente iluminaram.[9] Na ordem da escritura da história, o caminho da maior lentidão para a maior velocidade é o da inteligibilidade que se perde. Ele não vai do mais simples para o mais complexo, mas do mais profundo para o mais superficial.

É que a batalha da racionalidade histórica continua a ser de *front* duplo: contra os breves clarões do acontecimento e da tagarelice dos reis, dos embaixadores ou dos pobres, mas também contra a racionalidade triunfante das leis econômicas e do saber

---

9 Id., *La Méditerranée et le monde méditerranéen à l'époque de Philippe II*, 2.ed., t.2, p.223.

social. Porque o "tempo vivo" das trocas que se desenvolvem e das sociedades que se racionalizam é também um "tempo tagarela", um tempo que fala demais, que esconde sob sua sucessão de batalhas as realidades – de peso "imenso" e ruído "apenas perceptível" – da vida material. Portanto, é preciso "inverter a ordem", isto é, inverter o significado do sentido segundo o qual ela é percorrida: "pôr prioritariamente na frente do palco" os vencidos da expansão mercantil, "essas próprias massas, embora sejam situadas como fora do tempo vivo e tagarela da história".[10] As contas exatas dos capitalistas e dos eruditos da época são tão enganadoras, tão ilusoriamente vinculadas às realidades "claras e límpidas" quanto a tagarelice dos embaixadores, dos cronistas e dos panfletários. A medida *econômica* do tempo do mundo é ainda uma medida doméstica. Deve receber seu sentido de uma geologia do tempo. E, nessa geologia, o sentido do percurso de racionalidade se inverte: o mais primitivo é que é princípio de explicação, ou melhor, matriz de sentido. O tempo vivo e tagarela da história somente é inteligível se é fortemente escorado no tempo quase imóvel, no tempo espacializado das grandes permanências. Os vencedores se gabam de fazer a história. Mas são os "vencidos" que dão à história a base a-histórica sem a qual não há inteligibilidade própria da história. O tempo longo, o tempo quase imóvel do Mediterrâneo congelado em seu arcaísmo, não se compara aos outros em termos de velocidade. Ele é, antes, o tempo da historialidade, a

---

10 Id., *Civilisation matérielle et capitalisme*, p.12.

superfície de inscrição do tempo que torna possível a existência da história.

É, portanto, por esse tempo historial, por esse tempo de uma geografia primeira que se forma um sentido de história. Somente a geografização do tempo histórico permite que a batalha dos longos períodos e dos fenômenos coletivos contra a crônica dos acontecimentos e dos reis não conduza apenas à realeza do economista ou do sociólogo. Mais uma vez, não se trata de causalidade do solo ou do meio. O espaço da historialidade é, em primeiro lugar, um espaço simbólico, uma superfície de inscrição do tempo como produtor de sentido. Esse excesso da função simbólica sobre todo determinismo natural é o que dá à noção braudeliana de espaço sua singularidade, particularmente patente nos capítulos dedicados à unidade *física* do mundo mediterrânico. Sabemos que a determinação dessa unidade física obriga a recentrar no mar interior, no Mediterrâneo *propriamente* dito, o Mediterrâneo que se espalhava na direção dos desertos da Ásia ou dos portos da Hansa. Não é então como espaço de circulação ou centro de um mundo de relevos e caminhos análogos que o mar interior recebe sua unidade. É por seu clima, pelo clima idêntico que reina em seu íntimo. É aí que o Mediterrâneo recebe a interioridade que falta ao Oceano moderno, que se adiantou:

> O Atlântico também é uma unidade humana, e a mais poderosa do mundo atual; também é um encontro e uma mistura. Mas falta a esse complexo de Oceano o coração monocromático, o mundo de luz

idêntica que brilha no centro do Mediterrâneo, de um extremo a outro mar de oliveiras.[11]

Coração monocromático, mundo de luz idêntica... Como não sentir o excesso dessas expressões em toda descrição empírica e em toda determinação científica? Como por prazer, aliás, as análises e as ilustrações seguintes empenham-se em puxar para a grisalha nórdica essa monocromia mediterrânica: "Em outubro de 1869, afastando-se de Messina de barco, Fromentin escreve: céu encoberto, vento frio, rajada, algumas gotas de chuva na tenda. Triste, parece o Báltico".[12] Do mesmo modo que a imagem acinzenta a luz do mar interior, a explicação mostra sua identidade climática como a resultante de um conflito de forças externas: o Saara e o Atlântico, um estendendo-se para o norte e o oeste, até fazer a aridez castigar a costa da Armórica; o outro empurrando-o com chuvas, agitando o Mediterrâneo com água, até fazê-lo parecer "uma imensa planície coberta de neve".[13] Parece sistemática a distância entre o hieratismo da imagem matricial (o coração monocromático) e a disparidade, a diferença do Mediterrâneo em relação a ele mesmo que a descrição e a explicação acentuam em imagens paradoxais: como se a unidade "climática" fosse a metáfora de uma unidade simbólica mais fundamental, a única capaz de transformar o mar interior num sujeito de história. O coração monocromático ou a luz idêntica expressam, antes de qualquer ex-

---

11 Id., *La Méditerranée et le monde méditerranéen à l'époque de Philippe* II, 1.ed., p.195.
12 Ibid., p.196-7.
13 Ibid., p.197.

plicação geográfica, a historialidade do Mediterrâneo, a "força de história" que sucede ao sol poente da realeza. Do mesmo modo que o "vazio criador"[14] evocado em outra parte, antes de qualquer consequência da abertura geográfica à livre-troca econômica, inscreve-se na vacância real, desenha nela a figura emblemática de uma morte do rei que retém dele a força de historialização.

A imagem matricial, portanto, define bem mais do que a unidade climática do Mediterrâneo. Define o "sol", as condições da sucessão que faz do Mediterrâneo um sujeito de história *no lugar do rei*. Define a forma de legitimidade própria dessa passagem que não é uma questão de unidade climática, mas de unidade do espaço simbólico, que articula, no corpo do Mediterrâneo, figuras de discurso e figuras sensíveis. O Mediterrâneo que sucede ao rei deve ter, como ele, um corpo duplo: um corpo de saber oculto e um corpo de evidência sensível. O Mediterrâneo que sucede ao rei é a identidade de um espaço de conhecimento e de um espaço de reconhecimento. Clarões enganadores do acontecimento ou das realidades demasiado transparentes da troca, a ciência histórica nos conduz de volta às realidades apenas perceptíveis que eles ocultam. Mas essas realidades, imperceptíveis para o rei de outrora ou para o economista de hoje, são também as que se deixam entrever, em sua identidade, pelo viajante que percorre os tempos diferentes que o mesmo espaço mediterrânico faz coexistir, essa "coleção de museus do Homem, o homem de antigamente, mas que é ainda e sempre o homem de

---

14 Ibid., p.1089.

hoje":[15] os *boutres** árabes que em 1897 ainda eram semelhantes ao usado por Vasco da Gama; os barcos de velas quadradas que aparecem nas paredes dos hipogeus e ainda navegam pelo Nilo, o mesmo "amontoado de homens que as invasões mais estrondosas e mais espetaculares são incapazes de morder fundo". Se as velhas ilusões da crônica e as jovens ilusões da ciência e do capital triunfantes podem ser reduzidas a sua medida própria, é por causa dessa possibilidade de o viajante de 1930 encontrar os caminhos de Dom Quixote, o povo de Bandello ou de Mateo Alemán. Mais do que as oliveiras, o que dá unidade ao Mediterrâneo é a possibilidade de encontrá-lo no mesmo lugar, tal como é descrito desde muito tempo atrás. O Mediterrâneo é o mar do reconhecimento, da viagem que percorre os rastros materiais que os rastros de escritura mostram iguais a eles mesmos.

A unidade do Mediterrâneo é a de uma viagem de retorno. Na remissão incessante entre o documento de arquivo, a anotação do geógrafo, a narrativa do contador de antanho ou as impressões de viagem contemporâneas, sentimos o fascínio por certo modelo: o da viagem pelos rastros do livro, da viagem que encontra os lugares exatos do que foi escrito. A primeira edição de *O Mediterrâneo e o mundo mediterrânico na época de Filipe II* deixa transparecer claramente o fascínio de Braudel pela empreitada singular de Victor Bérard, que seguiu o rastro de Ulisses para demonstrar sua teoria: que os poemas

---

15 Ibid., p.298.

* Pequenos barcos a vela utilizados no Oriente, também conhecidos como *dhows*. (N. E.)

homéricos são, na verdade, livros de geografia e que podemos encontrar, iguais às descrições homéricas, as terras de Calipso, de Alcínoo ou dos lotófagos. Sabemos que a *mímesis* fotográfica leva esse reconhecimento à alucinação, fazendo-nos *ver* a gruta do Ciclope, os salgueiros do bosque de Perséfone, os porcos de Circe ou a videira de Alcínoo. No entanto, Braudel parece criticar nessa investigação alucinada não seu excesso, mas sua falta:

> Victor Bérard procurou as paisagens da Odisseia durante uma vida inteira. Busca apaixonante: mas não é o próprio homem da epopeia antiga que se deve procurar no homem de hoje? Ulisses em pessoa, e não apenas o cenário cambiante de suas viagens surpreendentes?[16]

Ulisses *em pessoa*... A referência a Victor Bérard desaparecerá na segunda edição, com o conjunto da conclusão da primeira parte, intitulada: "Geo-história e determinismo". Mas a conclusão do livro nos levará novamente, atrás de novos viajantes, a esse mar de Ulisses igual ao que ele foi:

> Penso como Audisio, como Durrell, que a própria Antiguidade se encontra nas costas mediterrânicas de hoje. Em Rodes, em Chipre, observe os pescadores que jogam cartas na taverna enfumaçada do Dragão e poderá fazer uma ideia do que foi o verdadeiro Ulisses.[17]

---

16 Ibid., p.299.
17 Ibid., 2.ed., t.2, p.516.

O verdadeiro Ulisses: um Ulisses não mentiroso, um Ulisses de carne e osso, e não mais de papel, que poderíamos extrair da ficção de Homero como a verdadeira Dânae do poema de Simônides, o mentiroso. O Mediterrâneo historial, o coração monocromático que dá o verdadeiro princípio de unidade ao Mediterrâneo dos marinheiros, dos mercadores e dos banqueiros, é nesse caso o mesmo mar de escritura que conduziu a bom porto Dânae e seu filho, o lugar que recolhe e faz passar o sentido, garantindo a identidade de um *muthos* e de um *lógos*. A coincidência entre a *geologia* erudita dos tempos sociais e sua geografia oferecida ao olhar é possível por meio dessa coincidência entre um espaço material e um espaço de escritura.

A sucessão real, a substituição do tempo tagarela das genealogias, das crônicas e das profecias pelo espaço das inscrições da civilização material, é possível em razão dessa "mitologia" primeira que assegura o recobrimento de um espaço material e de um espaço de discurso. O Mediterrâneo não é uno nem pelo clima, nem pelas trocas, nem pelas batalhas, nem mesmo pela soma ou mistura deles. Ele é uno porque é *tal como foi escrito*. Esse *tal como* traz um sujeito de história de volta à vida respondendo ao desafio revisionista do *não tal*, em que o acontecimento de história desaparece sem resgate nem substituto. O coração monocromático que faz o Mediterrâneo bater como novo sujeito de história é um coração de escritura. Para que a força de história do rei seja transmitida ao mar, é necessário que uma historialidade ou uma "geografia" primeira faça coincidir quatro lugares: o espaço mediterrânico como mundo de limitações geográficas, o mundo das trocas, o lugar vazio do rei morto e o lugar original de toda narrativa de espaço, a Odisseia: o livro do mar que foi escrito, percorrido pelo texto até o ponto de retorno, transformado, antes mesmo do nascimento do nome "historiador", num território de escritura, mas também o livro inteiramente escrito sobre o espaço, inteiramente feito espaço, pelo qual não pode suceder nenhuma heresia, nenhuma guerra de religião, nenhuma morte por ou para a Escritura. Essa identidade é que falta ao Atlântico comerciante e vencedor, bem mais que a unidade climática. Se o grande mar das trocas que destronou o Mediterrâneo no governo do mundo não herdou sua "força de história", é porque nenhum escrito o percorreu antes. E os escritores que vieram tarde demais parecem ter se empenhado para fazê-lo fluir na direção do coração africano das trevas, dos confins do Cabo Horn ou das ilhas encantadas do Pacífico. A epopeia do Atlântico – *Moby Dick* – é uma contraepopeia: no lugar do mar das sereias, o Oceano do Leviatã que fascina e engole, águas que se fecham e só permitem que sobreviva, no centro imaculado do vórtice, o órfão, o filho maldito do Livro, Ismael.

"O Atlântico de Sevilha é um espaço sem passado", declara Pierre Chaunu no princípio da parte interpretativa de *Séville et l'Atlantique*.[18] Ele é, de maneira igualmente decisiva, sem *épos* que tenha escrito a coincidência de seu espaço com o tempo de uma viagem. Em relação à Odisseia, o livro que o faz existir como objeto de história é um catálogo de

---

18 Chaunu, *Séville et l'Atlantique*, Armand Colin, 1959, t. VIII, 1, p.8.

navios. E é bem verdade que os *libros de registros* da *Casa de la Contratación* de Sevilha podem facilmente simbolizar, diante da fantasia mnemotécnica do catálogo homérico, o material exemplar da ciência histórica nova. Sobre o vazio de qualquer literatura, a ciência pode construir seu espaço virgem, o espaço de uma "interpretação estatística" do Atlântico, na qual não entra nada que não seja mensurável. Mas volta o problema: essa ciência exemplar pode se escrever como história? Ao fim de seis volumes de tabelas, séries e gráficos que integraram à interpretação estatística a marcha e a tonelagem de cada navio que entrou em cada porto do novo mundo sevilhano ao longo de 150 anos, coloca-se a questão: como escrever, nas 4 mil páginas que se iniciam, a história desse Atlântico estatístico? O mais natural seria obedecer à lógica dessa dupla criação: a de um espaço mercantil e a de sua representação estatística.

Uma vez que nada, por assim dizer, é dado de início nesse Atlântico em que tudo é conjuntura, não inscrever nada de início, mas situar cada instituição, cada território, cada modo de navegação, de exploração ou de troca no momento em que aparece e em que toma corpo na linha do tempo. Assim será perfeitamente expressa essa verdade do primeiro Atlântico, entenda-se de uma conjuntura dominante que tece estruturas, antes inexistentes, cada vez mais pesadas à medida que se constitui o passado de um espaço antes sem passado.[19]

---

19 Ibid., p.11-2.

O historiador, no entanto, teve de renunciar a essa solução "paradoxal", isto é, simplesmente contrária ao horizonte de expectativa da visão não erudita, por uma razão muito simples: aceitá-la era "condenar-se a ser ininteligível".[20] Para além de qualquer questão de "pedagogia", o que se enuncia é uma disjunção radical: seguir o *lógos* segundo o qual se constituem um objeto de história e sua interpretação científica impedida de escrever um livro de história inteligível. O historiador escolhe, então, a solução "mais sensata": apresentar primeiro as estruturas – a ordem do espaço – antes de abordar o tempo da conjuntura. Mas as estruturas em questão não podem estruturar nada de fato (assim, faltará um tomo sem faltar), elas não podem preceder de nenhuma escritura, não podem juntar nenhum *muthos* ao *lógos* do espaço atlântico. Este permanece um espaço sem historialidade. A inteligibilidade da ciência e a da narrativa não têm lugar para cobrir uma à outra. O *lógos* e o *muthos* permanecerão separados, o livro ficará inacabado. A coleção de livros se destina a ser material para um futuro livro. Mas o canteiro aberto do futuro científico é também o Oceano "em que nos perdemos com delícias", em que se projeta ao infinito a diferença entre "fazer história" e escrever a história: Odisseia da pesquisa no lugar da Odisseia do livro; em certo sentido mais fiel ao "verdadeiro Ulisses". Pois aquele que o livro leva de volta para casa, ele o condenou antes, pela voz de Tirésias, a errar até alcançar a terra dos homens que não conhecem o mar.

---

20 Ibid., p.12.

Uma história herética?

Entre a história das mentalidades e a dos espaços, o círculo da inteligibilidade historiadora se fecha. Há história – uma experiência e uma matéria da história – porque há palavra em excesso, palavras que talham a vida, guerras da escritura. E há uma ciência histórica porque há o escrito que apazigua essas guerras e cicatriza essas feridas revisitando os rastros do que já foi escrito. Há uma história das mentalidades porque há a heresia e sua punição: corpos marcados e martirizados por ter quebrado com uma transversal extravagante a linha de vida da Escritura, a articulação consagrada da ordem da palavra com a ordem dos corpos: por ter negado a "verdadeira" relação do Verbo com seu pai e com sua encarnação, de Adão com sua carne, do corpo dos ressuscitados com o corpo dos anjos... A separação herética desfaz o "correto" pertencimento do verbo à carne, do corpo à palavra. Ela dá vida assim a uma palavra errática, "não semelhante" ao que foi dito.

Essa aventura mortal dá à história das mentalidades sua matéria e, em troca, esta a resgata. À palavra herética a história das mentalidades dá, de fato, outra voz, a voz do lugar; dá a ela um corpo de imanência, um corpo pagão. Ela regra assim a guerra de religião, a guerra da Escritura, de uma maneira radical. Transforma o herético, o "falsificador" da Escritura, num pagão. E um pagão sempre diz a verdade, porque sua palavra é apenas a expressão de seu modo de ser. A história das mentalidades dá outra carne às palavras, sem sutileza de encarnação, sem viagem arriscada do céu à terra.

No entanto, para que esse regramento pacífico que transforma heresia em mentalidade seja possível, é preciso que essa carne pagã, essa carne de terra em que a palavra se enraíza, seja ela própria tecida de palavras. A terra que restitui um corpo às palavras extraviadas do Livro da vida é ela própria pré-escrita pelas palavras de um outro livro da vida, de uma outra ideia do livro da vida. A revolução romântica da história encontrou esse outro livro da vida na epopeia concebida como livro da expressividade primeira, da imanência do sentido na respiração das coisas. A era de Michelet reinventa a Odisseia como canto do solo natal, Victor Bérard encontra seu rastro em torno do Mediterrâneo e ela ainda oferece sua superfície pré-escrita à nova história dos espaços.

Esse círculo da palavra territorializada e da terra escrita é fundador, não seguramente porque daria à ciência histórica os instrumentos e os métodos de sua investigação. Ele lhe dá menos e mais ao mesmo tempo: de fato, ele define a condição para que o produto desses instrumentos e desses métodos tome a forma de uma história. Ele dá à ciência histórica o que o rigor de nenhum cálculo nem de nenhuma indução lhe assegura: um regime de verdade para seus enunciados, pois a história, ligada principalmente ao tumulto da palavra, é para sempre privada do recurso positivista que substitui as aporias da verdade pela evidência interna das regras de construção das experiências e dos objetos de ciência. Seu acesso *próprio* à ciência passa pelo desvio necessário de uma *posição do verdadeiro*. As outras ciências sociais conseguem mais comodamente prescindir dele. Elas constroem a efetividade da ciência, até o limite do simulacro, de tal maneira que os jogos do conhecimento benfeito e da realidade "incontornável" eliminam a questão da verdade. Mas a história somente pode tornar-se ciência *permanecendo história* pelo desvio poético que dá à palavra um regime de verdade. A verdade que ela se dá é a de uma encarnação pagã, de um verdadeiro corpo das palavras substituindo a palavra errante. Essa verdade não se dá na forma de uma tese filosófica explícita, mas na própria textura da narrativa: nos modos de interpretação, mas também no recorte das frases, no tempo e nas pessoas do verbo, nos jogos do próprio e do figurado.

Pois a "filosofia" a que a história se obriga é aquela da qual não quer ouvir falar de maneira alguma, senão na forma respeitável – isto é, de negação – de uma reflexão sobre os objetos e os métodos da ciência. Desde Platão, o procedimento filosófico é, em primeiro lugar, uma aposta na veracidade de certas narrativas – ou *muthoi* – tomadas por *lógoi*, imitações ou prefigurações do verdadeiro. Já o procedimento historiador deve contar com essa identidade do *muthos* e do *lógos*, mas deve também apagá-la incessantemente no encadeamento do saber contado e negá-la na austeridade do discurso sobre o *corpus*, o método e o instrumento. Deve esquecer incessantemente que a maneira pela qual ela é ciência não é aquela pela qual gostaria de sê-lo.

O regramento mitológico da heresia e sua negação cientificista devem-se, é claro, a esse tumulto que prende a nova história diante de seu início impossível: a desordem democrática da palavra nascida do vazio e da legitimidade real abolida. Se a nova história encontrou seu território preferido nos longos períodos dos tempos monárquicos, camponeses e católicos, não é por nostalgia folclorista dos tempos e lugares de um povo imóvel. É porque apenas esses tempos e esses lugares se prestam às operações de sentido que fundam a inteligibilidade de seu discurso. É apenas nesse terreno que a troca das vozes e dos corpos pode opor seu rigor à tagarelice da crônica, a força de história dos reis pode passar para a epopeia dos espaços e as vozes perdidas da heresia cristã podem encontrar o corpo pagão de sua interpretação. É no universo simbólico estruturado pelas identidades ordenadoras do corpo real, da palavra divina e da Musa poética que a história erudita da era das massas deve buscar suas referências. O que vem depois, a história das revoluções democráticas, das lutas de classe modernas, do movimento e da lenda operária, está fora de seu campo. A história das massas que é própria à era das massas só encontra seu equilíbrio falando do tempo dos reis. Por um aparente paradoxo, a história das massas modernas parece abandonada de bom grado aos herdeiros da velha raça dos cronistas e dos hagiógrafos. "Muito curiosamente", escreve um especialista, "a história operária permaneceu amplamente alheia à renovação das perspectivas imposta há um quarto de século pela escola francesa."[1] Como pensar esse alheamento? Certamente não é uma questão de métodos e instrumentos, porque os historiadores dos longos períodos monárquicos e os dos movimentos sociais modernos foram igualmente formados na escola econômica e estatística de Simiand e Labrousse. E os segundos têm em relação aos primeiros a vantagem de materiais e séries estatísticas já parcialmente constituídos. Também não é, simplesmente, porque a história dos movimentos sociais e revolucionários modernos está ainda próxima demais da nossa atualidade e inspira engajamentos e ressentimentos demais para gozar plenamente do *status* de objeto científico. O que lhe falta, sobretudo, são os modos de interpretação e as formas de escritura adequados para regrar o tumulto das palavras.

Tal deficiência não é acidental, evidentemente. Deve-se à própria natureza do objeto. A natureza do movimento democrático e social moderno é desfazer a ordem simbólica que dá matéria às operações de interpretação e escritura próprias à história das mentalidades. A ciência histórica da era democrática não pode ser a ciência de sua história, porque é próprio desta arrasar o solo em que as vozes da heresia se deixam territorializar. O excesso de palavra que dá lugar ao movimento social moderno não se deixa *resgatar*. É verdade que ele pode perfeitamen-

---

1 Lequin, *Les ouvriers de la région lyonnaise dans la seconde moitié du XIXe siècle (1848-1914)*, p.v.

te ser *reduzido*: mutações industriais e ciclos econômicos, mudanças tecnológicas e sociabilidades urbanas ou fabris oferecem meios para se reduzir todo excesso de palavra a determinações sólidas. E as diversas variantes da crítica da "ideologia" viabilizam a operação sem deixar resto. A ciência encontra proveito nisso, mas não a história, porque esta precisa de um regramento poético do excesso, a substituição de um corpo da voz por outro, em resumo, um resgate da separação herética. Mas, na origem do movimento democrático e social moderno, há uma heresia de um gênero novo: uma heresia laica, sem religião para supliciá-la, mas também sem procedimentos de resgate simbólico.

A historiografia revisionista descobre essa heresia a sua maneira. Assimila-a ao desmoronamento de uma ordem simbólica e a sua consequência, a proliferação substitutiva e terrorista do imaginário democrático e social. Mas podemos contrapor a essa visão catastrofista, em que, em último caso, a história rejeita seu objeto, as fórmulas mais sóbrias, em que a heresia democrática e social se declara, proclamando uma relação nova da ordem do discurso com a ordem dos corpos. Nada ilustra melhor isso do que a cena aparentemente modesta escolhida por E. P. Thompson como cena inaugural da "formação" da classe operária inglesa: a reunião numa taverna londrina, em janeiro de 1792, de nove trabalhadores honestos e engenhosos imbuídos da singular convicção de que toda pessoa adulta dotada de razão possuía, antes de tudo, capacidade para eleger os membros do Parlamento. O meio escolhido por eles para a difusão dessa ideia foi uma "sociedade de correspondência". E a primeira regra decretada por essa sociedade, e para uso de toda sociedade semelhante, enunciava-se do seguinte modo: "Que o número de nossos membros seja ilimitado".[2]

Não há nada nisso que não pareça comum. E, no entanto, é justamente a heresia, a "separação" constitutiva do movimento social moderno que se declara nela. O rompimento das referências simbólicas da ordem política está em operação na constituição desse sujeito de palavra inédito, que se define na relação de três proposições: em primeiro lugar, um homem é tão importante como qualquer outro; a ordem dos seres falantes exclui toda exclusão; em segundo lugar, o sujeito político que se dedica à verificação dessa proposição tem a marca do ilimitado, é infinito em número porque é a pura negação da exclusão; em terceiro lugar, o modo de palavra e ligação que convém a esse novo modo de subjetivação política é a correspondência, o puro endereçamento a todo outro, sem pertencimento nem sujeição, que estabelece a comunidade do presente e do ausente. O movimento social moderno tem seu lugar de origem nesse puro rompimento ou nessa pura abertura que as práticas políticas da incorporação e os modos de objetivação do saber social tratarão de conjurar: o de uma classe que não é mais uma classe, mas "a dissolução de todas as classes". A expressão, como sabemos, é do jovem Marx. No entanto, é possível renovar seu sentido afastando as imagens de decomposição que ele associa a ela. A classe que se declara na pura in-

---

2 Edward P. Thompson, *La formation de la classe ouvrière anglaise*, p.21.

vocação da ilimitação de seu número identifica-se, sobretudo, com o ato de uma palavra sem lugar e de uma coletividade incontável, impossível de identificar. Ela é o advento no campo da política de um sujeito que somente é tal reatravessando e isolando os modos da legitimidade que estabeleciam a conformidade entre os discursos e os corpos.

A era democrática e social não é, na verdade, nem a era das massas nem a dos indivíduos. É a era da subjetivação arriscada, gerada por uma pura abertura do ilimitado e constituída a partir de lugares de palavra que não são localidades designáveis, que são articulações singulares entre a ordem da palavra e a das classificações. Assim, os lugares de palavra a partir dos quais se projeta o ilimitado da "classe" operária não são usinas ou casernas, ruas ou cabarés, mas textos, frases, nomes: textos de referência – os Direitos do Homem ou o Antigo Testamento – que permitem articular uma experiência altamente destinada ao mutismo pela separação das linguagens; frases e arranjos de frases que transformam em coisa visível e dizível o que não tinha motivo para ser distinguido e entendia-se somente como ruído inarticulado, promovendo ao espaço comum sujeitos inéditos, legitimidades novas e as formas nas quais estas podem ser alegadas por aqueles; palavras, subtraídas da língua comum das designações: nomes de classes que não designam nenhuma coleção precisa de indivíduos, mas a própria perturbação das relações entre os nomes e os estados. Tal é o nome de proletário reivindicado por Blanqui perante o juiz que pergunta sua profissão e indigna-se com a resposta: *proletário* não é, de fato, uma profissão como ele a entende, isto é, um ofício; é uma profissão num sentido mais antigo e inteiramente novo: uma declaração de pertencimento à comunidade que leva em conta precisamente os não contados. Esses nomes de classes que não são classes ligam-se a nomes de ações que não respondem a nenhum protocolo nem a nenhum aprendizado definido (emancipação), mas ordenam o espaço ilimitado de trajetos novos fazendo viajar sujeitos de palavra e de história nos intervalos arriscados entre lugares materiais e lugares simbólicos, entre nomes e corpos, condições e saberes.

Assim, a heresia própria da historicidade democrática e social deve ser pensada num plano duplo. Ela se situa empiricamente na abundância das religiões desviantes e dos saberes heterodoxos que suscitou e acompanhou a emergência dos movimentos sociais modernos. E. P. Thompson mostrou como a Revolução Industrial, as condições do trabalho e as tradições dos ofícios eram impotentes para fazer surgir por si próprios uma classe e um movimento operários na Inglaterra. Para isso, era necessário que sua experiência fosse tomada na trama de uma guerra de escritura em que a nova Declaração dos Direitos do Homem, fazendo um novo recorte das profecias bíblicas e das injunções do *Pilgrim's Progress*, mobilizasse novamente e dividisse de acordo com novas linhas as energias da dissidência religiosa. Do mesmo modo, é ou ao menos deveria ser impossível pensar a história francesa do movimento operário fora da rede de conexões que fazem seu sujeito existir no cruzamento das novas religiões da indústria ou do amor, das revoluções pedagógicas e das elaborações autodidáticas, das filologias extravagantes e das línguas novas, das práticas e dos saberes médicos heterodoxos, das astronomias populares e das especulações sobre os mundos distantes, passados e por vir. Mas essa dispersão empírica obedece a uma lógica mais essencial. A tomada do sujeito operário nos trajetos extravagantes da crença e do saber heréticos não marca a simples influência das ideias de um tempo sobre as formulações primeiras de um movimento ainda em sua infância. Ela atualiza o modo de ser singular dos sujeitos de história na era democrática. Estes não são nem os nomes próprios de soberanos cujo corpo e palavra regeriam um mundo de ordens hierarquizadas nem os nomes comuns de classes que a ciência definiria pela coerência de suas propriedades. São os nomes singulares, falsamente próprios e falsamente comuns, de um ser-junto sem lugar nem corpo, de um ser-junto que é um ser-entre: entre vários lugares e várias identidades, vários modos de localização e identificação. Essa heresia ou errância moderna têm de fato uma propriedade inaudita: ela é idêntica ao próprio princípio da lei que, declarando os direitos do homem *e* do cidadão, instala o sujeito democrático no infinito da distância que os separa e da contestação de um ao outro e, ao mesmo tempo, põe sua história fora das garantias da subordinação, nas incertezas da conjunção.

Essa divisão principal do "próprio" sujeito democrático é o que a revolução micheletista só pôde resolver na forma de compromisso. Ela planejou suturar a divisão da democracia, reconciliando-a com seu passado. Encontrou o meio de conjurar a violência *explícita* do advento democrático, o rompimento regicida. Para além da violência do confronto revolucionário, inventou uma lógica do sentido, um pensamento da dupla filiação, vinculando a República do direito a sua matriz terrestre. A lógica do lugar de palavra estabelecia o triplo contrato científico, narrativo e político. Encadeando as vozes tagarelas da *mímesis* na narrativa do sentido mudo, efetuava uma dupla operação: enraizava a República moderna em sua história e em seu território; inaugurava uma interpretação democrática da história dos tempos monárquicos e inquisitoriais, uma interpretação em termos de história das massas e dos longos períodos. Dava um lugar comum à política do povo soberano e à história erudita. E podia fazê-lo porque, a sua maneira, ela era uma lógica do sujeito, o sujeito *França*. O compromisso dependia dessa encarnação que fixava em atributos de um sujeito idêntico a si mesmo as propriedades erráticas da subjetividade democrática. Nesse sentido, a história da escola dos *Annales* é a de uma emancipação ou um esquecimento – progressivos e contrariados – em relação às condições subjetiva e política do compromisso: o sujeito de história tornou-se um objeto, ou melhor, um lugar, entre outros, para objetos de história; o longo período desprendeu-se da filiação e do advento; a lógica do lugar de palavra fixou-se em etno-história. Assim, a interpretação democrática dos tempos monárquicos e inquisitoriais podia emancipar-se em história das mentalidades, ao passo que o historiador se tornava filho de ninguém, simples irmão de todos os trabalhadores alistados com ele no canteiro da ciência.

Podemos dizer então que o aparente paradoxo que distancia a "nova" história de seu próprio tempo é o preço desse esquecimento. Concentrada na tarefa de resgatar a violência regicida e a separação herética, a história erudita esqueceu-se do sentido e das condições desse resgate. Ela os assimilou simplesmente à promoção científica do discurso histórico. Tornou-se assim incapaz de renovar o contrato. E o sucesso da história dos espaços, dos longos períodos e das mentalidades tinha como reverso obrigatório a incapacidade de pensar o "outro lado" da morte do rei, sua violência simbólica difusa: a dispersão dos atributos da soberania nos acasos da subjetivação democrática e nos meandros da heresia social. Mas podemos dizer também que o próprio contrato micheletista era um compromisso instável, uma vontade desesperada de fechar o rompimento democrático no devir republicano do sujeito *França*. Assim, ele fazia da história a narrativa de um advento, a história de uma pré-história, chamada a abolir-se no tempo sem história de uma república justa. Dando à era republicana os meios de pensar e escrever sua pré-história, ele lhe proibia, ao mesmo tempo, pensar-se uma história própria e as formas de sua escritura. Ele liberava a era republicana da heresia democrática. Esta, em troca, estava destinada, pelo próprio desenvolvimento de seus caracteres, a desregrar indefinidamente as fórmulas poéticas do resgate científico da heresia.

A dificuldade que coloca a história social da era democrática e operária nas margens da grande história das mentalidades não está, portanto, onde a situamos de hábito: na batalha das causas, na oposição do salutar materialismo das determinações econômicas e sociológicas à pretensão das causas ideológicas. Pensar a natureza herética do movimento social moderno não é reabilitar o papel das "ideias" e da "consciência". O que determina a vida dos seres falantes, tanto e mais do que o peso do trabalho e de sua remuneração, é o peso dos nomes ou de sua ausência, o peso das palavras ditas e escritas, lidas e entendidas, um peso tão material quanto o outro. A questão não se refere, portanto, à boa ordem das causas. Ela se refere ao regime de verdade que liga o discurso histórico a seu objeto. A heresia democrática e social foi mil vezes denunciada como uma "nova religião". Mas essa "religião" não se deixa territorializar e converter como a outra. O excesso das palavras somente se deixa dominar sob o risco de anular a força e o sentido de história ligados à sua enunciação, pois a história social da era democrática e operária cai rapidamente num dilema: ou ela se reduz à crônica de nomes próprios que não organizam mais nenhuma legitimidade de discurso nem nenhum sentido de história – a monografia de um combate ou de um militante, de um partido, de um sindicato ou de um jornal – ou ela é a ciência que reduz essas individualidades e essas agitações de superfície a seu fundamento, determinando as realidades subterrâneas das quais elas são a expressão local e pontual. Mas, entre os nomes próprios da crônica e os nomes comuns da ciência, a matéria e o discurso próprio da história são os que correm o risco de desaparecer de novo: sua matéria própria, ou seja, o acontecimento de palavra, o trajeto pelo qual seres falantes se dedicam à verdade de sua própria palavra; seu discurso, ou seja, a reinscrição desse acontecimento na equivalência da narrativa e da ciência.

É verdade que às vezes a história social acredita ter encontrado o meio de sair do dilema, eliminar a distância entre o rigor das determinações econômicas e sociais e a acontecimentalidade [*événementialité*] das manifestações e dos discursos. Para o excesso da palavra democrática e social, acredita ter encontrado um lugar. Este se chama *cultura* ou *sociabilidades*. Esses conceitos remetem o excesso das palavras à expressão de modos de ser e maneiras de fazer. Mas faltam à territorialização e ao resgate desse excesso o livro, a terra e o túmulo. No máximo, é possível impor-lhe uma residência fixa. "Sociabilidades populares" ou "cultura operária" vêm eliminar o desvio imaginário das profundezas da vida material em relação ao acontecimento de palavra. E, ao mesmo tempo, vêm tapar esses intervalos do ser-junto democrático – republicano, socialista, operário... – que se estabelecem entre vários lugares e várias identidades. Fazem desaparecer simplesmente o que se propõem explicar. Disso dão testemunho exemplar essas explicações da palavra operária que, por falta de terra ou mar para recolhê-la, atribuem-na à cultura do ofício e transformam-na, indiferentemente, na expressão de sua qualificação orgulhosa ou de sua desqualificação dolorosa. Digam o que disserem os realistas, as palavras são mais obstinadas do que os fatos, e o *ofício*, uma vez que se invoca e argumenta no conflito social, deixa falar o elo que o mantém preso à servidão ou ao esplendor do *ministério*, assim como a *profissão* à glória de uma *declaração* ou à vergonha de uma *confissão*. O nome *proletário* explicita bem mais sua etimologia latina (a multidão destinada à reprodução simples) do que as definições "rigorosas" em que se esfalfam historiadores e sociólogos. O que quer que se possa argumentar a respeito das grandezas e das decadências dos ofícios, um mecânico, quando se torna um combatente social, é em primeiro lugar um homem do ferro, um tipógrafo um homem da letra e um alfaiate um homem da aparência. E se os sapateiros foram os primeiros a erguer em quase toda a parte a bandeira do movimento operário, os êxitos e os reveses da indústria do calçado não tiveram nada a ver com isso, salvo que, desde os primórdios, os sapateiros são os operários mais nomeados, ditos e, sobretudo, malditos pela escritura profana e sagrada.

Assim, uma identidade de combatente social não é a expressão de nenhuma "cultura" de nenhum grupo ou subgrupo. Ela é a invenção de um nome para o fato de assumir atos de palavra que afirmam ou rejeitam uma configuração simbólica das relações entre a ordem do discurso e a ordem dos estados. É, em primeiro lugar, a negação de uma exclusão estabelecida pela palavra de um outro quando, por exemplo, a greve moderna se declara "sob um governo que sustenta que nós não somos homens como os outros".[3] É ainda identificação com aquele que é designado como o excluído quando o espaço público ressoa o apelo aos "condenados da terra" ou a afirmação de que "somos todos judeus alemães". É enfim a abertura do espaço e do tempo em que são contados aqueles que não contam quando a organização se atribui suas tarefas; "Vocês estão combatendo os inimigos da raça humana [...] pela criança ainda no peito da mãe".[4] As três fórmulas da negação, da identificação e da abertura afirmam

---

3 Grignon, *Réflexions d'un ouvrier tailleur*, apud Faure e Rancière, *La parole ouvrière*, p.74.

4 Instruções da Sociedade de Correspondência londrina a seus emissários. In: Thompson, op. cit., p.19,

igualmente o traço essencial dessa declaração de um sujeito social: ela é uma *heterologia*, uma lógica do outro, uma posição entre as palavras e as coisas impensável em termos de consciência – mesmo confusa – de uma identidade própria, enunciável apenas do ponto de vista de um outro, no jogo de três figuras: o mestre que atribui nomes a lugares; a identidade nova que se tece de nomes emprestados e subtraídos da língua; a alteridade absoluta do excluído, que pode ser o condenado, mas também o *infans*, o que ainda não fala. O conceito de cultura, seja aplicado ao conhecimento dos clássicos ou à fabricação de sapatos, tem como efeito apenas apagar esse movimento de subjetivação que se opera no intervalo entre várias nominações e sua fragilidade constitutiva: a ausência de corpo no lugar da voz, a ausência de voz no lugar do corpo, a falha ou o intervalo nos quais passam sujeitos de história. Ele identifica e localiza o que somente tem seu ser no desvio dos lugares e das identidades.

A história cultural é, portanto, tão impotente para nos dizer as razões de tal ou tal figura do combate social quanto o "sociólogo contemporâneo" para nos dizer quais eram "em verdade" as classes sociais e suas relações na Revolução Francesa. A verdade não é assunto para auxiliares. Não mais do que a história pode despejar numa ciência irmã ou auxiliar a questão a respeito de alguma de suas supostas províncias ou subdivisões. História social e história cultural não são setores da história disponíveis para dar uma mãozinha fraterna. São dois nomes para uma mesma questão: a dos procedimentos de sentido pelos quais se define uma historicidade – isto é, a possibilidade de que sujeitos em geral façam uma história – e das formas de escritura que dão conta deles, inscrevendo-os no gênero de uma narrativa e na figura de uma verdade. O problema da nossa ciência histórica é, em primeiro lugar, o de sua relação necessária e infeliz com "sua" historicidade, a historicidade democrática: a dispersão dos atributos da soberania e das lógicas da subordinação, a diferença indefinida do homem e do cidadão, a possibilidade de qualquer ser falante ou qualquer coleção aleatória de falantes ser sujeitos de história, seja de que maneira for. A lógica da filiação e os procedimentos de territorialização do sentido próprios à história republicana romântica perdem seus poderes. O historiador acaba perdendo a esperança simplesmente na possibilidade de manter juntas narrativa e verdade. Em toda figura de narrativa possível, ele vê surgir o dilema: ou a narrativa e sua complacência para com seus heróis improvisados, ou a ciência que dissipa seu prestígio; ou a grande epopeia popular que se conta igual a seu próprio sonho, ou os rigores desencantados dos números ou as minúcias desesperantes da verdadeira vida, cotidiana e doméstica. Ele se instala na lógica de uma suspeita, voluntária ou não: para os sujeitos e os acontecimentos da historicidade democrática e social, sempre próximos demais de nossas impressões e ódios, marcados demais pelos estigmas da "ideologia", parece que somente se ganha a verdade por um acúmulo de garantias científicas ou resgate cientificista. Esse acúmulo, é claro, nunca é suficiente. Contudo, o próprio jogo dessa decepção produz em troca um mal-estar redobrado em relação ao "sujeito" e uma suspeita renovada em relação à narrativa. Com o risco de que a suspeita volte atrás, acusando, do ponto do rigor político, a insuficiência erudita. Se o marxismo fez tão pouco pela história de "sua" época, se sua ciência histórica se especializou tanto na história de sua pré-história – as crises agrárias, o advento mercantil e as mentalidades dos tempos monárquicos –, é justamente pela necessidade dessa lógica circular em que a suspeita política a respeito do discurso da história responde à suspeita científica a respeito de seu sujeito. É por isso que a perempção proclamada do marxismo não abre ela própria nenhuma via nova. As duas figuras da suspeita podiam apenas se conjuntar para dissuadir a história dos tempos democráticos e operários de tentar por sua própria conta aquilo que a revolução romântica republicana fizera e do qual a história das mentalidades tirou proveito: uma operação poética sobre as condições do saber.

A história das mentalidades viveu do trabalho literário antiliterário de Michelet: a invenção de uma narrativa de imanência do sentido na narrativa, de uma narrativa que suprime por vias próprias a extravagância herética. Graças a essa invenção, ela pôde territorializar as vozes perdidas da heresia e os trajetos insignificantes da vida pobre nos dois grandes livros de vida, o livro cristão do verbo feito carne e o livro pagão da terra escrita. A impensável extravagância que a história social e operária, com exceção de dois ou três conceitos, proibiu-se de imaginar – e que, no entanto, lhe teria sido estritamente necessária –, era simplesmente encontrar para si mesma uma poética. E, sem dúvida, para encontrá-la, era necessário ir um pouco mais adiante no que diz respeito à revolução literária: onde o romance diz adeus à epopeia, onde a parataxe das coordenações democráticas sucede à sintaxe das subordinações monárquicas, onde se registra a defecção dos grandes livros de vida e da multiplicidade das línguas e dos modos de subjetivação. Para sair do dilema desesperado entre a ilusão do *épos* popular e os rigores dos números ou das minúcias do cotidiano, era necessário vincular-se às lógicas novas inventadas pela literatura para manter juntos os trajetos do indivíduo e a lei dos números, as centelhas do cotidiano e a chama dos textos sagrados; por exemplo: aprender com Virginia Woolf a fazer a narrativa nascer "entre os atos" da promessa de uma frase saída do mesmo silêncio que os sujeitos da era democrática e suas expectativas de amanhãs ("Sim, é claro, se fizer tempo bom", diz a sra. Ramsay. "Mas vocês terão de acordar ao amanhecer"[5]); ver em Flaubert como, do não sentido de um nome estropiado (Charbovari), sai a história de vidas mutiladas; seguir em Joyce as peregrinações do novo Ulisses, insular, urbano e traído pela esposa, andando em círculos pela cidade de colonizado, partido pela multiplicidade das línguas, destruindo, um pelo outro, o livro de vida cristão e o livro de vida pagão; ou então acompanhar Claude Simon em sua "tentativa de reconstituição de um retábulo barroco", na qual a explosão da sintaxe ordenada da narrativa – esse "cimento tapa-buraco" ou esse "bechamel grudento", capaz de improvisar sentido com todo tipo de ruína – e a independência reivindicada da vida, recuperando na frase desarticulada

---

5 Woolf, *La promenade au phare*, p.15.

sua abundância sem começo nem fim, associam-se à visão de um anti-Mediterrâneo: terra-mar ou mãe da escritura, já cansado de servir de "cloaca" ou "esgoto coletor" para a história.[6]

Sem dúvida, algumas excursões desse gênero eram necessárias à história da era democrática e operária para medir seu sujeito e inventar as formas de escritura adequadas para formular sua verdade suspensa. Mas, na tensão entre a segurança das regras do saber e os acasos dos lances da verdade, cada ciência tende a apostar em razão inversa a sua própria segurança. E a suspeita que pesa sobre a história dita contemporânea levou-a com muita facilidade a agarrar-se às armas e insígnias da cientificidade, em vez de procurar esboçar a figura da historicidade própria de sua era. A oposição da ciência séria à literatura se oferece muito naturalmente para transformar esse retraimento em virtude. O que a proscrição apaziguadora da "literatura" procura conjurar é simplesmente o seguinte: recusando-se a ser reduzida unicamente à língua dos números e dos gráficos, a história aceitou unir a sorte de suas demonstrações à dos procedimentos pelos quais a língua comum produz e faz circular sentido. Demonstrar, na língua comum, que os documentos e as curvas dos gráficos compõem um sentido e *tal* sentido suporá sempre uma escolha quanto aos poderes da língua e de seus encadeamentos. Não há junção de palavras para efeito de exposição ou demonstração que não opere tal escolha, que não faça, nesse sentido, "literatura". O problema, portanto, não é saber se o historiador deve ou não fazer lite-

---

6 Simon, *Le vent*, p.137-8.

Os nomes da história

ratura, mas qual ele faz. Na prática, o historiador, assim como o sociólogo, sabe interromper discretamente a análise dos resultados estatísticos para intercalar a pequena narrativa – o caderno de professor, a lembrança de infância, o romance de aldeia ou subúrbio – que de uma só vez lhe dá carne e sentido. Mas precisamente essa poética envergonhada de si mesma nega imediatamente o que ela opera: a substituição de uma língua e de um procedimento de sentido por outros. Ela transforma a pequena narrativa em pequena janela, aberta um tempo para o que dizem os números na linguagem "deles". Ela a transforma no fragmento de uma literatura improvável, semelhante à que os livros de escola recortavam outrora para representar em espelho o quadro da língua e o quadro das coisas. Se ainda imita os procedimentos micheletistas da territorialização do sentido, ela o faz de maneira furtiva, pressentindo que essa maneira não é mais do tempo que ela deveria pensar, mas, na maioria dos casos, renunciando ao mesmo tempo a pensá-lo.

De fato, a questão da forma poética segundo a qual a história pode escrever-se está estritamente ligada à questão do modo de historicidade segundo o qual seus objetos são pensáveis. Michelet inventou uma poética para certa historicidade, para a genealogia do sujeito França e da forma República. Assustando-se com tal invenção, a história contemporânea só pode proibir-se de pensar as formas mesmas da historicidade à qual é confrontada: as formas da experiência sensível, da percepção do tempo, das relações da crença e do saber, do próximo e do distante, do possível e do impossível que constituíram a era democrática e social como era da expectativa, era governada pelo império do futuro; as formas da experiência do nome e do anonimato, do próprio e do comum, da imagem e da identificação que orientaram ao mesmo tempo essa expectativa em relação à imaginação da comunidade e à descoberta da individualidade. Seguramente, é um estranho paradoxo que a história das mentalidades deixe de interessar-se pelo sentimento do tempo precisamente quando o tempo endoidece, quando o futuro se torna uma dimensão essencial da ação individual e coletiva; que ela deixe de interessar-se pela crença quando esta entra na imanência da ação política e social, quando se perturbam as relações do presente e do não presente, do visível e do não visível que marcam as referências sensíveis de seu território. Esse desinteresse que opõe as maneiras corretas de *fazer história* às vãs ilusões de um tempo em que *se acredita fazer a história* leva de fato a determinado limite: o sacrifício da própria história à afirmação da crença cientificista. Esse sacrifício pode adquirir a forma suave do esvaecimento da história na ciência social ou política. Também pode adquirir a forma do encerramento declarado de seu objeto. O "fim da história" se ostenta em nossas ordens do dia. O que essa expressão designa comumente é o fim de certa historicidade, o intervalo fechado da heresia democrática e social, de dois séculos de má ou falsa história, em proveito de uma modernidade industrial e liberal finalmente entregue ao desenvolvimento harmonioso de sua natureza. Mas ela designa também o fim da crença na história como figura de racionalidade.

Esse fim de crença, por sua vez, pode adquirir duas figuras. Às vezes, adquire a figura de uma penitência da história à sombra de ciências mais eruditas ou mais sábias. Também adquire a figura dos grandes canteiros enciclopédicos abertos-fechados no mesmo labor interminável de seu enriquecimento e de sua retificação: história livre do perigo de sua homonímia, mas talvez reduzida, afinal, a tarefas de recapitulação e transmissão. Walter Benjamin acusava a ciência da história de destinar-se, por sua própria teoria, a entregar indefinidamente o passado aos vencedores. Seguramente, as circunstâncias presentes não são comparáveis às que provocaram os tons desesperados de suas "Teses sobre filosofia da história". Mas a impudica tolice com que hoje se proclama a abertura de um tempo sem história e entregue ao desempenho dos "ganhadores" mostra claramente uma alternativa: ou a história se dedica primeiro a consolidar seu reconhecimento "científico", arriscando-se a liquidar sua aventura própria ao fornecer à sociedade dos vencedores a enciclopédia de sua pré-história, ou se interessa primeiro pela exploração dos múltiplos caminhos de cruzamentos imprevisíveis pelos quais podem ser apreendidas as formas da experiência do visível e do dizível que constituem a singularidade da era democrática e assim permitem repensar outras eras. Ela se interessa pelas formas de escritura que a tornam inteligível no entrelaçamento de seus tempos, na combinação dos números e das imagens, das palavras e dos emblemas. Para isso, consente sua própria fragilidade, o poder que herdou de seu parentesco vergonhoso com os fazedores de histórias e os contadores de histórias. Tal historiador lamentava recentemente a "crise de confiança" introduzida em sua disciplina pelos rumores e tumultos parasitas de "disciplinas adjacentes", que queriam submetê-la ao império maléfico do texto e de sua desconstrução, à indistinção fatal do real e do imaginário.[7] Concluiremos inversamente: nada ameaça a história, a não ser sua própria lassidão em relação ao tempo que a fez ou seu medo diante do que constitui a matéria sensível de seu objeto: o tempo, as palavras e a morte. A história não precisa proteger-se contra invasões estrangeiras. Precisa apenas reconciliar-se com seu próprio nome.

---

7 Stone, "History and Postmodernism", *Past and Present*, n.131, May 1991. Ver a resposta de Patrick Joyce na mesma revista (n.133).

Referências bibliográficas

AUERBACH, E. *Mimesis*. Paris: Gallimard, 1968.

BARTHES, R. *Michelet par lui-même*. Paris: Le Seuil, 1954.

BENVENISTE, É. *Problèmes de linguistique générale*. Paris: Gallimard, 1966.

BOURDEAU, L. *L'Histoire et les historiens*. Paris: F. Alcan, 1888.

BRAUDEL, F. *Civilisation matérielle et capitalisme*. Paris: Armand Colin, 1967. t.1.

_____. *La Méditerranée et le monde méditerranéen à l'époque de Philippe II*. 1.éd. Paris: Armand Colin, 1949; 2.éd. Paris, 1966. 2.v.

Certeau, M. de. *La fable mystique*. Paris: Gallimard, 1982.

CHAUNU, P. *Séville et l'Atlantique*. Paris: Armand Colin, 1959. t.8.

COBBAN, A. *Le sens de la Révolution française*. Paris: Julliard, 1984.

FAURE, A.; Rancière, J. *La parole ouvrière*. Paris: UGE, 1976.

FEBVRE, L. Parole, matière première de l'histoire. *Annales d'Histoire Sociale*, v.4, n.4, 1943.

FURET, F. *Penser la Révolution française*. Paris: Gallimard, 1978.

GRIGNON, *Réflexions d'un ouvrier tailleur sur la misère des ouvriers en général, la durée des journées de travail, le taux des salaires, les rapports actuellement établis entre les ouvriers et les maîtres d'atelier, la nécessité des associations d'ouvriers, comme moyen d'améliorer leur condition*. Paris: L.-E. Herhan, 1833.

HOBBES, T. *Le citoyen*. Paris: Garnier-Flammarion, 1982.

_____. *Léviathan*. Paris: Sirey, 1971

JOYCE, P. History and post-modernism. *Past and Présent*, n.133, Nov. 1991.

LACOUE-LABARTHE, P.; Nancy, J.-L. *L'absolu littéraire*. Paris: Le Seuil, 1978.

LE ROY LADURIE, E. *Montaillou, village occitan*. Paris: Gallimard, 1975.

LEQUIN, Y. *Les ouvriers de la région lyonnaise dans la seconde moitié du XIXe siècle (1848-1914)*. Paris: Presses Universitaires de Lyon, 1977.

MICHELET, J. *Histoire de la Révolution française*. Paris: Robert Laffont, 1979.

_____. *Journal*. Éd. P. Viallaneix. Paris: Gallimard, 1959. t.1.

_____. *La mer*. Paris: L. Hachette, 1861.

_____. *La sorcière*. Paris: Julliard, 1964.

_____. *Œuvres complètes*. Paris: Flammarion, 1973. t.3.

_____. Préface de 1869 à l'*Histoire de France*. In: _____. *Le Moyen Âge*. Paris: Robert Laffont, 1981.

MILNER, J.-C. *Les noms indistincts*. Paris: Le Seuil, 1983.

RANCIÈRE. J. *Le philosophe et ses pauvres*. Paris: Fayard, 1983.

RICŒUR, P. *Temps et récit*. Paris: Le Seuil, 1983.

SEIGNOBOS, C. *La méthode historique appliquée aux sciences sociales*. Paris: F. Alcan, 1901.

SIMON, C. *Le vent*: tentative de restitution d'un retable baroque. Paris: Éditions de Minuit, 1957.

STONE, L. History and Postmodernism. *Past and Présent*, n.131, May 1991.

TÁCITO. *Annales*. Trad. P. Wuilleumier. Paris: Les Belles Lettres, 1974.

THOMPSON, E. P. *La formation de la classe ouvrière anglaise*. Trad. G. Dauvé, M. Golaszewski et M.-N. Thibault. Paris: Gallimard/Le Seuil, 1988. Coll. "Hautes Études".

VICO, G. *Principes de la philosophie de l'histoire*. Paris: Armand Colin, 1963.

WOOLF, V. *La promenade au phare*. Paris: Le Livre de Poche, 1968.

SOBRE O LIVRO

Formato: 12 x 21 cm
Mancha: 18,5 x 44,5 paicas
Tipologia: Iowan Old Style 10/14
Papel: Pólen Print 80 g/m² (miolo)
Cartão Supremo 250 g/m² (capa)
1ª edição: 2014

EQUIPE DE REALIZAÇÃO

Capa
Estúdio Bogari

Edição de texto
Gisele Silva (Copidesque)
Camilla Bazzoni de Medeiros (Revisão)

Editoração eletrônica
Eduardo Seiji Seki (Diagramação)

Assistência editorial
Alberto Bononi